EXPOSITION UNIVERSELLE DE 1867

COMITÉ DÉPARTEMENTAL

DE LA

SEINE-INFÉRIEURE

RAPPORTS

VERRERIE, TERRE RÉFRACTAIRE
HORLOGERIE, CHRONOMÉTRIE
INDIENNES, ROUENNERIES, TEINTURES, APPRÊTS
LAINE CARDÉE, DRAPERIE
CHIMIE INDUSTRIELLE ET AGRICOLE
CUIRS ET PEAUX — INSTRUMENTS AGRICOLES
PRODUITS AGRICOLES ET BESTIAUX
MÉCANIQUE — INDUSTRIE COTONNIÈRE

ROUEN
IMPRIMERIE CH.-F. LAPIERRE ET Ce
Rue Saint-Étienne-des-Tonneliers, 1

1867

EXPOSITION UNIVERSELLE DE 1867

COMITÉ DÉPARTEMENTAL

DE LA

SEINE-INFÉRIEURE

EXPOSITION UNIVERSELLE DE 1867

COMITÉ DÉPARTEMENTAL

DE LA

SEINE-INFÉRIEURE

RAPPORTS

ROUEN
IMPRIMERIE CH.-F. LAPIERRE ET Ce
Rue Saint-Etienne-des-Tonneliers, 1

1867

EXTRAIT DES PROCÈS-VERBAUX

Le 23 août 1865, sur l'invitation de M. le Sénateur Préfet de la Seine-Inférieure, les personnes désignées pour faire partie du Comité départemental chargé de coopérer à l'organisation de l'Exposition universelle de 1867, se sont réunis en l'hôtel de la préfecture, à dix heures du matin.

M. le Préfet a donné lecture à l'assemblée de l'arrêté, en date du 11 août 1865, de S. Exc. M. le maréchal Vaillant, ministre de la maison de l'Empereur et des Beaux-Arts, vice-président de la commission impériale, qui nomme les membres devant composer la commission départementale.

M. le Préfet expose en quelques mots quelle est la mission confiée au zèle et au dévouement patriotique du Comité départemental; il dépose sur le bureau diverses pièces concernant le rôle et les fonctions du Comité, et il invite M. H. Barbet, le plus âgé des membres présents, à prendre provisoirement la présidence, et M. Roquigny, le plus jeune, à remplir les fonctions de secrétaire.

M. le Préfet déclare le Comité départemental définitivement constitué et engage les personnes présentes à s'occuper immédiatement de son organisation.

Après le départ de M. le Préfet, il est procédé, par voie de scrutin, à la nomination des membres devant composer le bureau ; ce sont :

Président : M. Henry Barbet, Député au Corps Législatif.
Vice-Présidents : MM. Pouyer-Quertier fils, Député au Corps Législatif ; Mathieu Bourdon, Président de la Chambre de Commerce d'Elbeuf.
Secrétaire général : M. Alphonse Cordier, Manufacturier, membre de la Chambre de Commerce de Rouen.
Vice-Secrétaires : MM. Langlois d'Estaintot, Président de la Société libre d'Émulation, du Commerce et de l'Industrie ; Fauchet, Président de la Société centrale d'Agriculture.

Séance tenante, il est décidé que tous les membres du Comité se constitueront en Sous-Comités, chacun par circonscription d'arrondissement, qu'ils auront la faculté de proposer au Comité central, réuni en assemblée générale, l'adjonction des notabilités de leur circonscription dont le concours leur paraîtra nécessaire. Le canton d'Elbeuf, en raison de son importance industrielle, est considéré comme arrondissement.

Les Sous-Comités sont provisoirement constitués, et dans la séance du 13 octobre, le Comité, éliminant les noms des personnes qui ont refusé d'en faire partie et ceux des membres qui n'ont pas cru devoir répondre d'aucune sorte à l'appel qui leur était fait, arrête définitivement la liste suivante :

MEMBRES DU COMITÉ DÉPARTEMENTAL ET MEMBRES ADJOINTS COMPOSANT LES SOUS-COMITÉS.

Sous-Comité de Rouen.

MM. Henry BARBET, Député au Corps Législatif, Président.

POUYER-QUERTIER fils, Député au Corps Législatif.

Alphonse CORDIER, Manufacturier, Membre de la Chambre de Commerce de Rouen.

LANGLOIS D'ESTAINTOT, Président de la Société d'Emulation.

FAUCHET, Président de la Société centrale d'Agriculture.

A. VERDREL, Maire de Rouen.

A. LEMIRE, Président de la Chambre de Commerce de Rouen.

Marcel BAZILLE, Négociant, Membre du Conseil Général.

TARBÉ DE SAINT-HARDOUIN, Ingénieur en chef des Ponts et Chaussées.

HARLÉ, Ingénieur en chef des Mines.

André POTTIER, Conservateur du Musée d'Antiquités.

L. MORIN, Conservateur du Musée de Peinture.

Sous-Comité du Havre.

MM. ANCEL, Député au Corps Législatif, Président.

MAZELINE, Constructeur de navires, Membre du Conseil Général.

BUHEL, Propriétaire-Agriculteur.

CLERGET, Receveur principal des Douanes, au Havre.

FERRÈRE, Président de la Chambre de Commerce du Havre.

HÉRARD, Ingénieur en chef des Ponts et Chaussées.

LECHEVREL, Membre du Conseil Général.

MM. LEMAITRE, Président de la Chambre de Commerce de Fécamp.
SELLE, Maire de Bolbec.
DE LA LONDE DU THIL, Président de la Société d'Agriculture du Havre.
SAUTREUIL, de Fécamp.

Membres adjoints.

LEMONNIER, Maire de Lanquetot.
HAUSSMANN, Filateur à Lillebonne.

Sous-Comité d'Elbeuf.

MM. Mathieu BOURDON, Président de la Chambre de Commerce d'Elbeuf.
VAUQUELIN, Membre de l'un des Comités d'admission institués près la Commission impériale.
Henri QUESNEY, Député au Corps Législatif.
LEGRIX, Manufacturier à Elbeuf.

Membres adjoints.

Ch. BAZIN, Président du Conseil des Prud'hommes.
Augustin POUSSIN, Président de la Société industrielle d'Elbeuf.
P. AUBÉ, Secrétaire-Membre de la Chambre de Commerce d'Elbeuf.
LECERF, Manufacturier, Président du Tribunal de Commerce.
Ch. LIZÉ père, Membre de la Chambre de Commerce d'Elbeuf.
Louis FLAVIGNY, Manufacturier.

Sous-Comité de Dieppe.

MM. G. REIZET, Membre du Conseil Général et Membre d'un des Comités d'admission près la Commission impériale, Président.
LECLERC-LEFEBVRE, Maire de Dieppe, Membre du Conseil Général.

MM. LÉDIER, Député au Corps Législatif.

MARTIN, Fabricant d'Horlogerie à Saint-Nicolas-d'Aliermont.

HOUDEVILLE, Agriculteur à Saint-Denis-d'Aclon.

Membres adjoints.

DE MALARTIC, Président du Comice agricole de Dieppe.

DUMAS, Fabricant de Chronomètres à Saint-Nicolas-d'Aliermont.

LEBLIC, Secrétaire de la Mairie de Dieppe.

Sous-Comité de Neufchâtel.

MM. DE GIRANCOURT, Maître de Verrerie, Membre du Conseil Général, Président.

CORNEILLE, Député au Corps Législatif.

MABIRE, Agriculteur.

Membres adjoints.

Félix LEFEBVRE, Tanneur à Saint-Saens.

DE CAUX, Extracteur de terres réfractaires à Forges.

Sous-Comité d'Yvetot.

MM. ROULLEAU, Membre du Conseil Général, Président.

BOBÉE, Propriétaire-Agriculteur.

Membres adjoints.

MM. Alexandre ROUSSEL, Fabricant à Yvetot.

Auguste GRIMAUD, Filateur à Cany.

Léon LANGE, Agriculteur à Beuzeville-la-Guerard.

J.-B. ANDRIEU, Fabricant à Doudeville.

SAVOIE, Président du Tribunal de Commerce de Saint-Valery.

Emile DROUET, Tanneur à Caudebec.

Dès la première séance, le Comité avait abordé la question des études qu'il aurait à faire sur l'Exposition universelle, conformément au § 4 de l'article 3 du règlement général ; les Sous-Comités avaient été, en conséquence, chargés de formuler leur opinion sur le format et le caractère qui conviendraient pour cette publication et en même temps à rédiger, selon la spécialité industrielle de leur circonscription, le plan des rapports à faire sous la direction du Comité. Dans la séance du 18 novembre 1865, un programme détaillé a été adopté et copie en a été adressée immédiatement à M. le Conseiller d'Etat, commissaire général de l'Exposition universelle. Le Comité a reçu un accusé de réception avec félicitations de M. le Commissaire général, qui ajoutait que ce travail serait soumis à l'examen de la commission impériale.

Dans la séance du 28 mars 1867, le Comité a désigné les membres particulièrement chargés de la rédaction des rapports, avec faculté de s'adjoindre tels coopérateurs qu'ils jugeraient convenables. Plusieurs, par suite de circonstances majeures, ont été dans l'impossibilité de remplir le mandat qu'ils avaient accepté ; le bureau, usant de l'autorisation qu'il avait reçue, a fait des démarches près de personnes parfaitement compétentes qui ont bien voulu lui accorder leur collaboration ; il leur en témoigne sa vive gratitude.

Malheureusement, il est des hommes que l'on ne peut remplacer, c'est ce qui a eu lieu pour notre regrettable collègue, M. André Pottier, chargé de l'étude sur les industries artistiques ; sa critique savante, relevée par les brillantes qualités de son style, aurait donné un grand relief à l'œuvre que nous avons entreprise et en eût été un des principaux attraits. Cette lacune, que nous n'avons pu combler, atteste une fois de plus le vide que cet homme distingué a laissé parmi nous.

Nous devons également un tribut de regrets à M. Augustin Poussin, président de la Société industrielle d'Elbeuf, homme de bon vouloir, travailleur infatigable, intelligence d'élite. Assurément c'était un des hommes de la génération nouvelle sur lesquels il était permis de fonder les plus belles espérances. Le deuil de toute une ville témoigne assez de la sincérité de nos regrets.

Le Comité départemental avait espéré que son zèle et son concours pourraient être de quelque utilité pour ses concitoyens ; il pensait que, voyant de plus près les hommes et les choses, il était plus à même de signaler le progrès et le mérite là où ils existent réellement. Devant sa conscience, il plaçait dans la même balance l'humble travailleur et le puissant industriel, l'ingénieur savant et le chercheur ignorant, car tous marchent au même but par des chemins différents. Portant à tous le même intérêt et la même sollicitude, il eût été heureux de les seconder dans leurs efforts et de contribuer à mettre en lumière l'invention utile ou le simple perfectionnement. Bien que beaucoup de ses membres eussent été fortement atteints par la nouvelle réforme économique, il entendait n'épouser aucun intérêt privé, aucune doctrine quelconque, mais faire un appel franc et loyal à toutes les énergies. En conséquence, il avait arrêté la circulaire suivante, publiée dans les journaux et adressée directement aux principaux manufacturiers du département :

« MONSIEUR,

« Par arrêté en date du 11 août dernier, S. Exc. M. le Maréchal Vaillant, Ministre de la Maison de l'Empereur et des Beaux-Arts, Vice-Président de la Commission impériale chargée d'organiser à Paris l'Exposition universelle pour 1867, a nommé les membres du Comité départemental de la Seine-Inférieure qui ont mission de recueillir les demandes d'admission à l'Exposition universelle.

« Des nécessités majeures qu'il est facile d'apprécier, notamment celles concernant l'étendue à donner aux constructions, exigent que la liste des exposants soit connue pour le 31 *octobre prochain.* Il importe donc qu'avant l'expiration de ce délai le Comité départemental soit en mesure de transmettre à la Commission impériale les demandes d'admission, avec l'énoncé de la nature des produits, ainsi que l'espace nécessaire pour leur installation.

« La Seine-Inférieure occupe un rang trop élevé dans toutes les branches où s'exerce l'activité humaine pour qu'elle ne tienne pas à honneur de figurer dignement dans ce vaste concours.

« Jamais, d'ailleurs, moment ne fut plus intéressant pour la manifestation de nos aptitudes productrices. La guerre civile d'Amérique, qui comprimait depuis si longtemps l'élan des opérations dans le monde des affaires, est, grâce à Dieu, terminée. Déjà les transactions recommencent; un vaste mouvement d'échanges se prépare; les besoins de toute nature se sont accumulés, et nul ne met en doute que nous ne soyons à la veille de voir le commerce reprendre un essor puissant et soutenu.

« Les désastres que l'industrie manufacturière a éprouvés dans ces dernières années sont incalculables, il est vrai; mais n'est-il pas permis d'espérer que l'heure de la réparation et de la récompense de tant de souffrances si courageusement supportées est enfin arrivée? Lorsque l'Angleterre, la Belgique, l'Allemagne, la Russie, l'Italie, la Suède, etc., nous abaissent leurs barrières; lorsque les vastes marchés de l'Orient sont désormais ouverts à nos produits; lorsque ces perspectives sans bornes s'ouvrent de toutes parts à notre trafic, pourquoi nos marchandises n'y trouveraient-elles pas un débouché?

« Si les industries de notre circonscription ont pu craindre la formidable puissance de nos voisins; si même nous devons toujours la redouter, n'oublions pas que d'heureuses compensations nous sont offertes ou se préparent sur d'autres points. Nos industriels l'ont bien compris, car il n'est personne qui puisse les accuser de défaillance; malgré la situation périlleuse que leur faisait une crise sans exemple dans l'histoire, ils n'ont cessé de perfectionner et de développer les instruments de leur travail. Nous n'hésitons pas à l'affirmer, la Seine-Inférieure saura se tenir à la hauteur de son antique réputation, et le Comité départemental, pénétré du patriotique mandat qui lui est dévolu, ne négligera rien pour seconder les efforts des futurs exposants.

« Conformément aux instructions qu'il a reçues, il saura provoquer une étude sérieuse des procédés à l'aide desquels les concurrents étrangers auront su conquérir une supériorité quelconque, soit en agriculture, soit dans les procédés du commerce, soit en industrie manufacturière, aussi bien que dans les arts de la construction et de la navigation.

« Dès à présent, il fait appel aux lumières de tout le monde sans exception; il réclame pour l'étude de ces graves questions le concours des Sociétés savantes, des Chambres de Commerce, des Chambres consultatives, des Comices agricoles, des Sociétés artistiques ou industrielles, des chefs d'entreprises, des directeurs d'usines, des simples ouvriers, etc.

« Il accueillera toutes les communications avec empressement et il ne négligera rien pour qu'un enseignement utile ressorte de l'ensemble des diverses observations qu'il aura recueillies.

« Le Comité est convaincu que ses concitoyens répondront à son appel, et il se tient à la disposition de toutes les personnes qui auraient besoin de renseignements concernant les dispositions réglementaires de l'Exposition universelle de 1867.

« Afin de remplir plus complétement sa tâche, le Comité s'est subdivisé en Sous-Comités, de manière à posséder un centre d'action dans toutes les régions du département. Plus loin, la liste du Comité départemental, divisé en Sous-Comités.

« Mais il est un point intéressant sur lequel il lui importe d'appeler dès à présent l'attention de chacun.

« S. Exc. le Maréchal Vaillant, dans sa circulaire à MM. les Préfets, s'exprime ainsi :

« En menant à bonne fin, avec les seules ressources lo-
« cales, cet acte de dévouement et d'initiative, le Comité
« montrera par l'exemple, mieux que par des préceptes,
« qu'il veut s'associer à l'œuvre d'émancipation signalée par
« l'Empereur dès le 30 mars 1852. Il prouvera également
« que le département est prêt à contribuer plus efficace-
« ment que dans le passé au progrès général de l'Empire,
« à mesure que de nouveaux moyens d'action seront accor-
« dés au Gouvernement local. »

« Telle est la tâche que le Comité départemental a la résolution d'accomplir, et il proclame en même temps cette vérité, que personne ne doit perdre un instant de vue : c'est que l'avenir et la fortune de nos industries, bien plus, l'honneur national, sont engagés dans cette lutte pacifique. A nous tous à faire en sorte qu'aucune nation ne dépasse la France dans la voie du progrès ; or, le seul moyen d'atteindre ce but, c'est que chacun de nous rivalise d'efforts et apporte vaillamment son concours dans ce champ clos de l'émulation.

« Afin qu'il nous soit possible de satisfaire aux conditions de ce programme et de couvrir toutes les dépenses que nécessiteront l'envoi de délégués à l'Exposition, l'impression des rapports en tête desquels seront inscrits les noms des souscripteurs et les autres frais de publication, une souscription est ouverte et l'on peut s'inscrire dès à présent chez chaque membre du Comité départemental et dans tous les journaux du département. »

Le Secrétaire général, ALPHONSE CORDIER.

Le Président, HENRY BARBET.

Telles étaient les dispositions arrêtées par le Comité et les mesures prises par lui ; il a la satisfaction d'avoir vaincu bien des répugnances, des hésitations ; mais il a le regret de n'avoir pas vu utiliser sa bonne volonté d'une manière plus complète. Il reste convaincu que les intérêts de sa circonscription, l'avenir de son commerce et de son industrie en auraient retiré quelque avantage. Le système de centralisation absolue qui a prévalu dans l'organisation et dans les opérations de la Commission impériale a rendu complètement insignifiant le concours du Comité départemental. Comme chacun sait, les demandes d'admission ont été adressées directement par le postulant lui-même à M. le Commissaire général, et la Commission impériale a statué sur l'admission. Plusieurs centaines de demandes (environ cinq cents, dit-on) sont parties de la Seine-Inférieure ; le Comité n'a été appelé à émettre un avis que sur quatre. Nous ne parlons pas d'un grand nombre de lettres adressées par le bureau pour faire valoir des réclamations de toute nature. Il est permis de supposer, d'après cela, que le hasard a dû présider aux admissions ou bien que l'on n'a donné la préférence qu'aux notabilités reconnues. Dans l'un et l'autre cas, on est en contradiction avec les principes qui régissent la société française. C'est plus que de la centralisation, c'est de l'arbitraire ; car nulle part n'apparaît ni le contrôle, ni le simple examen qui assurent un choix éclairé ou une garantie d'équité. Pour qu'il en fût autrement, il faudrait que chaque Comité eût des représentants dans chaque section de la Commission impériale, comme le département de la Seine, par exemple ; mais la Seine-Inférieure n'en avait que deux, dont l'un appartient au Sous-Comité de Dieppe, et l'autre au Sous-Comité d'Elbeuf. La grande industrie du coton, dont Rouen est le centre, constitue le groupe le plus important du continent ; malgré ce titre, elle n'avait aucun représentant dans la Commission impériale.

Cependant notre département figure avec honneur à l'Exposition ; il est regrettable, toutefois, que des abstentions nombreuses aient laissé des lacunes sur bien des points : la tannerie de Saint Saens fait complétement défaut, et la rouennerie n'est pas représentée d'une manière assez complète, etc. Si la Chambre de Commerce de Rouen n'eût pas réuni une série des principaux tissus à bon marché dans la classe 91, on aurait pu ignorer que ces fabrications se pratiquent dans notre département.

Les causes de ces abstentions sont bien connues, nous ne les mentionnerons que parce qu'elles ont été produites devant le Comité départemental, et qu'elles ont fait l'objet de ses réclamations près de la Commission impériale.

En général, les plaintes sont venues de l'exiguité de l'espace réservé pour l'installation des produits et surtout de ces tributs ou loyers onéreux qui varient suivant l'emplacement, la section ou la galerie. On prétend, il est vrai, pour justifier cette mesure, qu'une Exposition est une source de profits pour l'exposant et qu'il est naturel qu'il contribue aux frais de son installation. Installation, soit ; mais alors il n'est pas juste de faire payer à ce locataire de six ou huit mois, deux à trois fois le montant de la somme déboursée. Mais nous dirons plus, les profits que l'exposant doit en retirer sont souvent fort contestables ; on comprend que le détaillant parisien, transformé par miracle en manufacturier, tire parti de ce moyen de réclame, ce lui sera même moins coûteux que l'insertion à la quatrième page des journaux ; mais le fabricant de mouchoirs de Bolbec ou d'Yvetot, le tanneur de Saint-Saens, que peuvent-ils attendre de cette réclame? Ils viennent simplement affronter le champ clos de l'émulation et solliciter une critique qui les éclaire au profit de la communauté, car ceux-là sont de véritables producteurs.

D'ailleurs, si nous considérons le grand corps des industries nationales comme devant former une seule et même famille, plus une de ses branches sera arriérée, plus elle sera rudimentaire, plus on lui doit d'intérêt. Toute manifestation du progrès chez les retardataires, quelque minime qu'elle soit, veut être signalée, encouragée, récompensée, car c'est un membre qui se for-

2

tifié, dont la marche lente ou boiteuse faisait obstacle dans les fonctions du corps industriel; c'est un organe mort ou paralysé qui revient à la vie. En agissant autrement n'est-on pas en contradiction flagrante avec le système impérial, qui veut aide et appui pour les petits et les faibles? L'Exposition n'est plus une institution comme l'avaient comprise en l'an VI leur inventeur, François de Neufchateau, et depuis, Napoléon Ier et les gouvernements qui lui ont succédé; c'est une entreprise d'actionnaires.

Au surplus, notre critique ne porte point sur le mode d'organisation qui a prévalu; que l'on ait fait intervenir la ville de Paris et les particuliers dans une œuvre où l'on n'était habitué à ne voir que l'Etat, ce n'est pas de cela que nous aurions à nous plaindre; on a réussi, c'est l'essentiel, dira-t-on, l'événement même démontre que le procédé est ingénieux. Nous nous bornons à constater l'état des choses, en disant que le feu sacré qui animait les anciennes Expositions a disparu. On sent bien qu'une vie puissante anime l'industrie, c'est la fête de l'aristocratie industrielle, c'est une foire et un tournoi où chacun fait montre de sa richesse et de sa puissance. Mais nous sommes loin de l'esprit qui animait ces concours, comme en 1802, quand l'illustre Fox signalait à l'admiration du premier Consul l'humble *custache* à deux sous, ou la *bobine* exposée par Pouchet, ou comme en 1834, lorsque la première croix d'honneur fut donnée en récompense aux exposants; partout on voyait des germes se développer, on sentait un souffle ardent et fécond qui montait des profondeurs de la masse. On a bien appelé le petit métier, on le fait travailler sous les yeux du public; c'est un spectacle, une attraction ; mais l'humble producteur, l'inventeur obscur ou méconnu, l'homme qui a trouvé un de ces tours de main qui rompent l'équilibre des prix de revient et qui réalisent la conquête d'une industrie, ceux-là sont repoussés par les tarifs d'installation.

Nous nous abstiendrons de toute critique sur l'organisation des jurys; nous avons figuré au concours des exposants et peut-être supposerait-on que nous ne sommes pas assez désintéressé dans la question. Toutefois, qu'il nous soit permis de consigner un vœu que nous avons recueilli bien des fois : c'est que le jury soit à l'avenir une émanation directe et libre de l'industrie; c'est le seul moyen d'avoir des jurés véritablement compétents et qui ne laissent aucune arrière-pensée dans l'esprit des exposants.

Maintenant il nous reste à faire connaître la nature du travail que nous avons entrepris, quelle en est la matière et la distribution.

On ne pouvait attendre de nous une analyse de toutes les choses qui figurent à l'Exposition ; c'eût été une tâche au-dessus de nos forces et sans aucune utilité. Conformément à l'article 3 du règlement général, paragraphe 4, nous voulons « faire une étude particulière de « l'Exposition universelle et publier un rapport sur les « applications qui pourraient être faites dans le dépar- « tement, des enseignements qu'elle aura fournis. »

Notre étude comprend les rapports suivants :

1° 3e groupe. — Verrerie, classe 16 ; et 5e groupe, terres réfractaires, classe 40 ;

2° 3e groupe. — Horlogerie, chronométrie, classe 23 ;

3° 4e groupe. — Fils et tissus de coton et impressions, classe 27 ;

4° 4e groupe. — Draperie, classe 30 ;

5° 5e groupe. — Chimie industrielle et agricole, classes 43-44 ;

6° 5e groupe. — Tannerie, classe 46 ;

7° 6e groupe. — Mécanique, classes 52-53-54-55 ;

8° 6e, 7e et 8e groupes. — Machines agricoles et produits de l'agriculture, classes 48-50-67-71-73-76-77-78.

Bien des points, dignes d'un intérêt particulier, ont été omis involontairement ou à dessein, par suite de circonstances qui ont enchaîné notre bonne volonté et aussi pour ne pas surcharger une tâche déjà bien lourde pour nos forces et nos moyens.

Chaque rapporteur n'a eu d'autre guide que lui-même, et ses aperçus ou ses appréciations ne relèvent que de sa conscience. En un mot, ce que nous offrons au public est une œuvre à la fois collective et personnelle.

Puissions-nous avoir fait quelque chose d'utile ; c'est notre seule ambition.

Le Secrétaire général,

ALPHONSE CORDIER.

VERRERIE

GROUPE III. — CLASSE 16. — GALERIE III.

TERRE RÉFRACTAIRE

GROUPE V. — CLASSE 40. — GALERIE V.

La fabrication du verre est très-ancienne en Normandie. Les nombreuses forêts qui couvrent cette province ont dû, dès les temps les plus reculés, rechercher et attirer une industrie dont le bois était le principal aliment. La grande quantité de vases de verre trouvés dans les sépultures gallo-romaines, en Normandie et en Picardie; l'analogie qui existe entre ces vases, dont quelques-uns portent l'empreinte des mêmes verriers, ont fait penser à deux savants archéologues, MM. Deville et l'abbé Cochet, que la forêt d'Eu, qui s'étend aux limites de ces deux provinces, avait pu être, dès les premiers siècles de notre ère, le siége de verreries importantes. Quelque probable que puisse paraître cette supposition, aucune preuve n'est encore venue la confirmer; mais au treizième siècle il est fait mention des verriers de cette même forêt d'Eu.

Au siècle suivant, vers 1330, un gentilhomme normand,

Philippe de Cacqueray, versé depuis longtemps dans l'art de la verrerie, trouva le procédé de fabriquer le *verre à vitres en plats* et obtint du roi Philippe VI des concessions de droits d'usage et le privilége d'établir une verrerie dans la forêt de Lyons. La découverte de Philippe de Cacqueray réalisait un grand progrès. Jusque-là, les maisons ne recevaient la lumière que par des ouvertures très-étroites, fermées le plus souvent de papier huilé ou de petits morceaux de verre ronds enchâssés dans du plomb et appelés *cives* ou *cibles;* les plats de verre permirent d'agrandir les fenêtres et d'y adapter des vitres dont les dimensions s'accrurent avec le perfectionnement de la fabrication. Plusieurs verreries s'élevèrent successivement dans les autres forêts de la province; néanmoins le prix des vitres était tellement élevé, que, vers le milieu du seizième siècle, elles n'étaient encore employées qu'à la décoration des églises, des palais et des habitations somptueuses.

Lorsqu'après l'apaisement des guerres civiles, Henri IV, qui peut à juste titre être considéré comme le créateur de l'industrie française, voulut généraliser l'usage du verre et en développer la fabrication, la Normandie eut une large part de ses encouragements. Il choisit la ville de Rouen comme le lieu le plus favorable à l'établissement d'une manufacture de verre, de cristal et d'émaux, façon de Venise. En 1598, un premier essai ne réussit pas; mais, en 1605, une verrerie fut établie, au faubourg Saint-Sever, par François de Garsonnet, d'Aix en Provence, qui, en 1619, céda son privilége à Jean et Pierre d'Azémar, gentilshommes verriers du Languedoc, dont les ancêtres exerçaient l'art de la verrerie depuis deux cent cinquante ans, et avaient les premiers en France trouvé le procédé de fabriquer le cristal. Afin de ménager les forêts affectées à l'approvisionnement de la ville de Rouen, le Parlement imposa aux frères d'Azémar la condition de ne se servir que de *charbon de terre* pour le chauffage de leurs fourneaux. Déjà, en 1616, de Garsonnet avait fait venir du charbon d'Angleterre pour suppléer au bois qui lui manquait.

L'emploi du charbon de terre appliqué au chauffage des verreries, dès 1616 et 1619, est un fait industriel qui mérite d'être constaté. La verrerie de Rouen est très-certainement une des premières qui ait tenté cette difficile épreuve et surtout qui l'ait fait avec succès. En Angleterre, où l'industrie a généralement fait usage de la houille longtemps avant nous, ce n'est qu'en 1635, dix-neuf ans après Rouen, que le charbon de terre a été substitué, pour la première fois, au bois par sir Robert Mansell, dans sa verrerie de cristal de Savoy-house, à Londres.

Au XVIIIe siècle, la partie de la Normandie qui forme aujourd'hui le département de la Seine-Inférieure, la seule dont nous nous occuperons dans cette étude, comptait onze grosses verreries de verre à vitres et bouteilles et quatre petites verreries dans lesquelles se fabriquaient les verres à boire, carafes et autres menus ouvrages de verre blanc.

Les grosses verreries étaient : la vieille verrerie de *La Haie, les Routieux, le Landel*, et la verrerie de *Neufmarché* ou *verrerie neuve*, dans la forêt de Lyons; *le Lihut*, *Moncomble* et *le Hellet* dans la forêt d'Eawy ; *Saint-Martin*, *le Valdanois* (aujourd'hui Val-d'Aulnoy), *Varimpré* et *le Cornet*, dans les forêts du Comté d'Eu. Plusieurs de ces établissements remontaient aux XIVe et XVe siècles.

Les petites verreries étaient : la verrerie de Rouen, dont nous avons parlé plus haut, qui était alors désignée sous le titre de *manufacture royale de cristaux de Saint-Sever-lès-Rouen*, et une autre verrerie royale établie à Eauplet, près Rouen, connue sous le nom de *verrerie de Saint-Paul*; *le Courval* et *les Essartis*, dans la forêt d'Eu. Cette dernière a été transférée, en 1768, à la *Grande Vallée*, où elle est encore aujourd'hui.

Outre ces quinze verreries, deux autres ont été établies, vers la fin du siècle, dans la forêt d'Eu : l'une, à *Sainte-*

Catherine pour la fabrication des bouteilles, l'autre à *Romesnil* pour le verre à vitres en manchons.

Quatre familles normandes, nobles d'extraction, les *de Cacqueray, Le Vaillant, de Brossard* et *de Bongars*, descendants des fondateurs des premières verreries, étaient en possession du privilége exclusif de souffler le verre en plats, sans déroger à leur noblesse. Quelles que soient les versions plus ou moins erronées qui ont pu être faites sur l'origine de ces gentilshommes verriers, il est hors de doute que leur privilége a été la récompense de services rendus à l'état par leurs ancêtres, et que la Normandie doit à leur intelligence et à leur travail l'industrie de la verrerie, qu'ils ont créée et développée dans ses forêts. Intéressés, en raison même de leur privilége, à l'accroissement du nombre des verreries, dans lesquelles ils avaient seuls le droit de travailler, ils ont donné une grande extension à la fabrication du verre à vitres. Leurs produits étaient recherchés en France et à l'étranger; la Hollande surtout en faisait un commerce considérable.

Jusqu'en 1711, la vente des verres avait toujours été libre; mais, à cette époque, l'usage des grands carreaux tendant de plus en plus à se substituer aux panneaux de vitres en losanges, la consommation de Paris prit un grand développement. Afin d'arrêter l'élévation des prix qui en était la conséquence, des mesures les plus arbitraires furent prises à l'égard des verreries; la liberté du commerce et des transactions fut sacrifiée au désir d'assurer l'approvisionnement à bon marché de la capitale. Ainsi, un arrêt du Conseil du 11 août 1711 vint interdire l'exportation des verres à vitres, qui ne fut de nouveau permise qu'en 1728, et obliger les maîtres des verreries de Normandie d'apporter au magasin ordinaire des vitriers les verres nécessaires à l'approvisionnement et aux besoins imprévus de la ville de Paris. L'arrêt réglait la quantité de paniers de verre à fournir mensuellement par chaque verrerie, sous peine de

500 livres d'amende, et *en fixait arbitrairement le prix.* La taxe officielle fut aussi appliquée au groisil ou verre cassé, et étendue aux verres vendus et livrés sur le parterre même des verreries. En 1738, le surintendant des bâtiments royaux ayant eu besoin de 400 paniers de verre pour le palais de Compiègne, un sieur Prévost fut délégué et envoyé dans les verreries de Lyons et du comté d'Eu, muni des pouvoirs nécessaires pour enlever sur-le-champ tout le verre qu'il y trouverait ; l'intendant de la province devait au besoin l'aider de son autorité dans l'accomplissement de sa mission (1).

A l'exemple de ce qui s'était fait à Paris, le Parlement de Rouen, par arrêts des 23 août 1713, 22 décembre 1721 et suivants, obligea également les maîtres des verreries de la province de tenir en cette ville un magasin approvisionné pour l'usage des vitriers et *taxa constamment le prix du verre au-dessous des cours marchands* (2).

Qui le croirait? Un pareil état de chose a duré soixante-cinq ans, de 1711 à 1776, jusqu'à ce qu'un ministre dévoué à la liberté de commerce, Turgot, fit rendre aux maîtres des verreries, par la déclaration du roi du 12 janvier 1776, le droit de vendre leurs produits à des prix librement débattus : « Cette police, dit la déclaration, est devenue un « obstacle insurmontable au perfectionnement des verre- « ries de Normandie..... Il est d'autant plus pressant de « remédier à l'obstacle qui arrête les progrès de cette in- « dustrie dans une de nos principales provinces, que les « vitriers seuls profitent, tant contre les maîtres des ver- « reries que contre le public, d'une police si onéreuse, et « *qu'il est notoire, à Rouen surtout, que les consommateurs* « *payent le panier de verre à vitres plus du double de ce* « *qu'il coûte aux maîtres vitriers.* » Ainsi, ce n'était même

(1) Archives départementales : Fonds de l'intendance.

(2) Voir la déclaration du roi du 12 janvier 1776.

pas les consommateurs, mais les vitriers seuls qui profitaient de cette réglementation arbitraire.

On a souvent accusé le monopole des gentilshommes verriers d'avoir été un obstacle au progrès de leur industrie. Ce reproche ne nous paraît pas fondé. Si la verrerie ne s'est pas perfectionnée en Normandie aussi vite que dans quelques autres provinces, c'est surtout dans les entraves imposées pendant plus d'un demi-siècle au commerce des verres en plats qu'il faut chercher la cause de cette infériorité.

Pendant ce temps, les verreries de la Lorraine et de l'Alsace, qui, sans doute à cause de leur éloignement, n'étaient pas assujetties au ruineux privilége d'approvisionner Paris, avaient trouvé dans la liberté des transactions le moyen d'accroître et d'améliorer leur fabrication.

En 1730, un sieur Drolenvaux avait importé la fabrication du verre à vitres, façon de Bohême, et fondé à Saint-Quirin, en Lorraine, la première verrerie française de verres à vitres en *cylindres ou manchons*. Nous allons expliquer en peu de mots la différence qui existe entre les verres en plats et ceux en cylindres.

Les procédés de fabrication sont tout à fait distincts. Pour les verres en plats, le verre est d'abord soufflé en forme de boule un peu allongée, puis attaché au pontil : après l'avoir réchauffé et lorsqu'il le croit suffisamment ramolli, l'ouvrier imprime au pontil un mouvement de rotation très-rapide qui, à l'aide de la chaleur et de la force centrifuge, développe la pièce en un plateau rond et plat. On le détache alors du pontil, mais sans pouvoir en faire disparaître l'empreinte, qui produit au centre du plateau la loupe ou *boudine* que nous rencontrons encore quelquefois dans des vieux carreaux fabriqués par ce procédé. Pour obtenir des vitres rectangulaires, l'équarrissage et la boudine occasionnent un déchet considérable ; le plus souvent aussi la feuille de verre a l'inconvénient d'être plus épaisse vers le centre qu'à la circonférence.

Pour les verres en manchons, le verrier souffle la pièce de manière à lui donner la forme d'un cylindre ou d'un long manchon, qui, après avoir été détaché de la canne, est fendu dans sa longueur, puis porté froid dans un four particulier, dit four à étendre, dans lequel il est ramolli par le feu et développé à l'aide d'un râteau de bois promené sur sa surface. Ce procédé est celui qu'employaient les verriers vénitiens ; il est le seul décrit, au XIIIe siècle, par le moine Théophile dans son livre *Diversarium artium schedula*, qu'on peut qualifier d'encyclopédie des arts au moyen âge.

Les avantages des cylindres sont l'absence de déchet à la division des feuilles et surtout la plus grande dimension des carreaux. Mais, d'un autre côté, il faut reconnaître que l'éclat des verres en plats est toujours plus vif que celui des verres en cylindres, ces derniers, quelque bien fabriqués qu'ils soient, étant plus ou moins rayés par l'opération de l'étendage.

Le goût des grands carreaux fit prévaloir le verre en cylindres, dont l'emploi devint de plus en plus général en France, au détriment des verres de Normandie, qui, vers 1770, étaient en grande partie exportés en Hollande et en Allemagne. La fabrication du verre en plats n'a cependant cessé qu'en 1806 et elle est restée, jusqu'à la fin, exclusivement entre les mains des gentilshommes verriers. Leur privilége avait bien été aboli par la Révolution ; mais, de fait, il avait survécu, parce qu'ils avaient toujours eu grand soin de ne pas former d'apprentis en dehors de leurs familles. Tout à fait abandonné en France, ce verre se fabrique encore aujourd'hui, sous le nom de *crown-glass*, en Angleterre, où, grâce au perfectionnement qu'ont su lui donner les verriers anglais, il obtenait, il y a peu d'années encore, une préférence marquée sur le verre en cylindres.

Cette dernière sorte de verre s'est aussi fabriquée en Normandie. En 1776, Jean-Baptiste Libaude et Catherine Dubuisson, sa femme, obtinrent du duc de Penthièvre le privilége d'établir à Romesnil, dans la forêt d'Eu, une verrerie de verres à vitres blancs à manchons; ils firent venir à grands frais des ouvriers de la Bohême et, en 1780, leur établissement était en pleine activité. Quelques années auparavant, en 1773, les époux de Libaude, associés avec de Bongars de Roquigny, dans la verrerie du val d'Aulnoy, avaient remporté le prix proposé par l'Académie des Sciences en faveur de celui qui ferait connaître en France le meilleur procédé de fabriquer un verre pesant, exempt de défaut, ayant toutes les qualités du *flint-glass* anglais, à l'usage des lunettes achromatiques. Le mémoire de Libaude a été publié dans les annales de l'Académie; toutefois il n'a rempli qu'imparfaitement le but, car, en 1786, l'Académie a ouvert un nouveau concours sur le même sujet.

Outre les verres à vitres, les grosses verreries fabriquaient aussi des bouteilles, avec cette différence, toutefois, que celles-ci n'étaient pas soufflées par des gentilshommes. L'usage des bouteilles de verre n'est pas très-ancien. Au XIVe siècle, le vin se portait dans des vases ou vaisseaux de cuir, nommés *boutiaux*, plus tard *boutilles*, puis *bouteilles*. Les premières bouteilles de verre furent faites de verre commun blanc, que l'on était obligé de recouvrir d'osier à cause de son peu d'épaisseur. Celles de gros verre brun et épais, dont nous nous servons aujourd'hui, prirent naissance en Angleterre. La fabrication en fut introduite en France et en Normandie vers le milieu du XVIIe siècle et prit, dans le siècle suivant, un grand développement. Au mois de mars 1735, le poids et la contenance en furent réglés par une déclaration du roi, le poids à 25 onces et la contenance à la pinte, mesure de Paris, sous peine de 200 livres d'amende par contravention.

Depuis quelque temps, on a plus d'une fois émis le vœu de voir de nouveau réglementer la contenance des bouteilles, en prenant le litre pour base; les difficultés pratiques d'exécution n'ont pas encore permis de donner suite à cette idée. Nous croyons d'ailleurs que le règlement de 1735 n'a jamais été que très-imparfaitement exécuté.

Après cette étude sommaire du passé, nous allons rechercher et comparer l'état actuel de l'industrie du verre dans la Seine-Inférieure.

Le nombre de verreries, qui était de dix-sept au XVIIIe siècle, n'est plus aujourd'hui que de huit : un four à bouteilles et sept gobletteries.

La verrerie à bouteilles est établie à *Grasville*, près du Havre, et appartient à MM. Auzou et Ce. Elle occupe 65 ouvriers et produit annuellement, avec un four à huit creusets, environ 1,450,000 bouteilles. Le combustible employé est le charbon de terre anglais et le charbon français. La fabrication des bouteilles demande de grands soins. Leur composition doit, avant tout, être combinée de manière à ce que le verre ne puisse pas être altéré par les liquides qu'elles doivent recevoir, l'excès d'alcali ou de chaux les rendant susceptibles de se décomposer sous l'action de la plupart des acides. C'est ainsi que des vins, qui souvent contiennent un peu d'acide acétique libre, peuvent se trouver détériorés par des bouteilles de mauvaise qualité. Il est aussi extrêmement important, surtout lorsqu'elles sont destinées à contenir des liquides gazeux, qu'elles soient soufflées très-régulièrement et bien recuites. Si le verre se trouve inégalement réparti, la pression du gaz ne manquera pas de briser la bouteille à l'endroit où elle offrira le moins de résistance; comme aussi la rupture sera inévitable si la recuisson n'a pas été opérée dans de bonnes conditions. Sous tous ces rapports, les produits de la verrerie de Grasville peuvent être classés de pair avec ceux des meilleures verreries. Les bouteilles qui sortent de ses fourneaux sont recherchées par les brasseurs de la contrée pour leurs exportations aux colonies, parce qu'elles résistent parfaitement à la fermentation tout exceptionnelle que subit la bière pendant les traversées sous ces chaudes latitudes.

Les sept verreries de gobletterie sont : *le Landel*, appartenant à M. de Saint-Hilaire, dans la forêt de Lyons ; *Varimpré, le Courval* avec deux fours, la *Grande-Vallée, Romesnil* avec deux fours, *le Val-d'Aulnoy* et *Rétonval*, exploitées par MM. Lasnier, Denin, Hémery, d'Imbleval, Vimont père et fils, dans la forêt d'Eu.

Il est à remarquer que sur les dix fours à verre que compte le département, la forêt d'Eu en réunit huit, au lieu de sept qu'elle avait à la fin du siècle dernier, tandis que dans les forêts d'Eawy et de Lyons, qui étaient aussi, à cette époque, le centre d'une fabrication importante, une seule verrerie, le Landel, a survécu. Il faut, je crois, en chercher la cause dans la manière toute différente dont les verreries ont été traitées dans ces forêts. De temps immémorial, ces établissements recevaient les bois nécessaires à leur chauffage à prix d'estimation, sans avoir à courir les risques des enchères. Ces délivrances, connues sous le nom d'affouages, ayant été supprimées dans les forêts domaniales, les verriers des forêts de Lyons et d'Eawy ont été contraints de faire leurs approvisionnements de combustible aux enchères publiques, et se sont par conséquent trouvés exposés, chaque année, suivant le bon ou le mauvais vouloir de leurs concurrents, à ne pas pouvoir réunir toute la quantité de bois qui leur était indispensable et, en tout cas, à le payer à des prix très-élevés. Dans la forêt d'Eu, au contraire, non-seulement les concessions affouagères accordées par les comtes d'Eu aux fondateurs des verreries anciennes ont toujours reçu leur exécution, mais la même faveur a aussi été étendue aux verreries de date plus récente ; de sorte que tous ces établissements, anciens et nouveaux, ont joui des avantages des délivrances à prix d'estimation, les premiers en vertu des droits résultant de leurs titres de fondation, les autres par simple tolérance. Ainsi assurés de recevoir, chaque année, leur approvisionnement complet, à des prix arrêtés et connus à l'avance, les propriétaires de ces verreries ont pu avoir confiance dans l'avenir, et faire les dépenses et les avances de fonds nécessaires pour transformer leurs usines suivant les besoins de l'industrie et perfectionner leurs moyens de fabrication. Depuis que la forêt d'Eu est devenue propriété domaniale, en 1852, les quatre verreries anciennes, Varimpré, le Courval, la Grande-Vallée et Romesnil, après avoir justifié de leurs titres, reçoivent seules des bois à prix d'estimation. La quantité en a été fixée à 6,000 stères pour chacune d'elles.

La verrerie du Landel ayant, depuis plusieurs années, subi de fréquentes interruptions de travail et se trouvant encore aujourd'hui en chômage, nous la laisserons en dehors des relevés statistiques que nous allons établir. Nous ne nous occuperons que du groupe de la forêt d'Eu.

Ces six verreries, qui sont toutes situées dans le canton de Blangy, ont huit fours en activité et fabriquent la gobletterie ordinaire, l'éclairage, les flacons pour la parfumerie et la pharmacie, la moulure, quelques vases pour la chimie, en un mot toute la variété des articles de verroterie en verre blanc et en verre de couleur. Elles occupent plus de 800 ouvriers, dans lesquels, toutefois, figure un assez grand nombre d'enfants de 14 à 16 ans.

Le chiffre de leur production réunie est annuellement d'environ 1,950,000 *francs*, sur lesquels 680,000 *francs*, soit 34 0/0, sont payés en main-d'œuvre.

Les huit fours consomment chaque année 45,000 *stères* de bois, dont l'exploitation et le transport aux usines coûtent 130,000 *francs* et procurent du travail, pendant l'hiver, à un très-grand nombre de pauvres familles des communes riveraines de la forêt. Si nous ajoutons ces

130,000 francs aux 680,000 francs auxquels nous avons évalué la main-d'œuvre sur les verres fabriqués, nous trouverons que le chiffre annuel des salaires atteint 810,000 fr.

Depuis quelques années, le prix des bois s'étant élevé d'une façon excessive, quelques-uns de nos verriers ont essayé l'emploi du charbon de terre. M. d'Imbleval, à Romesnil, vient de monter un four à la houille dans lequel il obtient des produits qui, sous le rapport de la blancheur et de la solidité du verre, paraissent ne le céder en rien à ceux des fours au bois. Il se sert de préférence de charbon anglais, qui lui arrive par le port du Tréport. L'apport de la houille, à des prix de revient nécessairement assez élevés, au centre d'une forêt aussi importante que la forêt d'Eu, est un fait vraiment anormal, qui suffit à démontrer à quel excès a été poussé le prix du bois, mais qui doit en même temps faire réfléchir sur les dangers de cette exagération, au double point de vue des intérêts de la forêt, exposée à voir prochainement substituer la houille au bois, et des classes laborieuses qui, par la transformation du mode de chauffage des verreries, perdraient la plus grande partie des salaires payés pour l'exploitation des coupes verrières, le prix de façon des bois à l'usage des verreries étant beaucoup plus élevé que pour les bois marchands.

Le sol de notre contrée ne renfermant pas de sable ni de pierre calcaire assez purs pour la fabrication du verre blanc, les verriers sont obligés de faire venir leur sable de la forêt de Fontainebleau et la pierre à chaux de Boulogne-sur-Mer. Les sels de soude sortent des fabriques de Chauny et de celles de M. Malétra, de Rouen. Forges-les-Eaux fournit les terres réfractaires pour la confection des creusets et des fours de fusion.

La poterie étant la partie la plus délicate et en même temps la plus importante de la verrerie, les verriers ne sauraient apporter trop de soins dans le choix des terres qu'ils emploient. Les caractères généraux des argiles réfractaires sont d'être douces et grasses au toucher, de happer fortement la langue, lorsqu'on les porte à la bouche, et de former avec l'eau une pâte plastique, présentant beaucoup d'adhérence, qui, soumise à l'action d'un feu violent, acquiert une très-grande dureté. Les meilleures et les plus recherchées pour la verrerie, sont celles dans lesquelles l'alumine entre dans une grande proportion, qui contiennent le moins de chaux et d'oxyde de fer et qui offrent le plus de ténacité. Les terres de Forges, ainsi qu'on peut le voir par les analyses que nous allons rapporter, présentent toutes ces qualités et sont employées avec succès dans un très-grand nombre de verreries, en France et à l'étranger.

Bastenaire-Daudenard, dans son traité sur la vitrification, en donne l'analyse suivante :

Silice	60
Alumine	38
Oxyde de fer	2
	100

Voici une analyse plus récente, due à l'un de nos plus habiles chimistes :

Silice	52
Alumine	27
Eau	19
Chaux, magnésie	»
Oxyde de fer	2
	100

Au XVIIe siècle, les terres de la Bellière-en-Bray, village situé près de Forges, étaient renommées pour les creusets de verrerie. Un arrêt du Conseil, du 30 janvier 1700, en a interdit la sortie du royaume, afin de les réserver aux verreries françaises et surtout à la manufacture de glaces de Saint-Gobain. Les terres de la Bellière sont depuis longtemps épuisées. Des carrières, qui aujourd'hui ne fournissent plus qu'un rendement à peu près nul, ont ensuite été ouvertes à Forges; d'autres plus récentes à Cany, à Saint-Samson, à Cuy-Saint-Fiacre et dans la forêt de Forges : elles produisent annuellement plus de 3,000,000 de kilog. de terre, dont environ 700,000 kilog. s'exportent à l'étranger. Toutes ces terres peuvent faire de bons creusets, pourvu que le potier ait soin de varier la proportion du ciment suivant la nature spéciale de chacune d'elles.

Aucun verrier de notre département n'a cru devoir envoyer ses produits à l'exposition. Cette abstention est très-regrettable. C'est à tort qu'on se figure généralement que les pièces de luxe doivent seules être bien accueillies aux expositions : les verres communs, que leur bas prix met à la portée des classes peu aisées, ont tout autant de mérite industriel, s'ils sont fabriqués dans de bonnes conditions, que les riches cristaux destinés aux tables somptueuses. Nos verriers auraient pu montrer une foule d'articles usuels de première nécessité qui auraient étonné par leur bon marché.

Une société de prévoyance et de secours mutuels a été fondée, au mois de septembre 1865, entre les ouvriers de la verrerie de Varimpré. Elle réunit aujourd'hui 8 membres honoraires et 122 participants. Le prix des cotisations mensuelles est aussi peu élevé que possible : 1 fr. pour les hommes, 75 centimes pour les femmes et 25 centimes pour les enfants. Depuis sa création jusqu'au 31 mai 1867, c'est-à-dire en 23 mois, les recettes de toute nature, cotisations, dons et subventions, ont été de 2.003 fr. 25

La société à payé :

1° Pour médicaments, visites de médecins, accouchements, frais funéraires, etc.	1,122 fr.	1,472 »
2° Pour indemnités aux sociétaires pendant leurs maladies. . .	350	
Elle possède en caisse au 31 mai.		531 fr. 25

dont une partie est déposée à la caisse d'épargne de Neufchâtel.

Les ouvriers apprécient de plus en plus les bienfaits de cette institution. Il y a donc lieu d'espérer, qu'encouragées par le succès de leur devancière, de semblables sociétés seront bientôt établies dans d'autres verreries.

Il ne nous reste plus, pour terminer ce rapport, qu'à émettre un vœu : c'est de voir, dans l'avenir le plus prochain, une voie ferrée desservir le canton de Blangy et doter nos usines de transports à bon marché qui leur manquent. Dans sa dernière session, le Conseil Général de la Seine-Inférieure a classé *un chemin de fer d'intérêt local* de Tréport à la ligne d'Amiens à Rouen, en suivant la vallée de la Bresle. L'avenir des verreries de la forêt d'Eu et de tous les établissements industriels de la contrée dépend de la prompte exécution de ce projet.

De Girancourt.

5 Juin 1867.

HORLOGERIE. — CHRONOMÉTRIE

GROUPE III. — CLASSE 23. — GALERIE III.

Saint-Nicolas-d'Aliermont est un village situé dans le département de la Seine-Inférieure, au-dessus de la forêt d'Arques, à treize kilomètres de Dieppe, son chef-lieu d'arrondissement.

La population est de 2,000 habitants, dont plus de la moitié s'occupe des travaux d'horlogerie, industrie spéciale à cette localité.

Saint-Nicolas-d'Aliermont est représenté à l'Exposition universelle par les exposants dont les noms suivent :

MM. O. Dumas, — Scharff, — Jacob, pour la chronométrie et les régulateurs en blanc et en marche.

HORLOGERIE EN GÉNÉRAL.

MM. Martin (Emile), — A. Delépine, — Sauteur frères, — A. Croutte, pour la fabrication de l'horlogerie en général, comprenant : les régulateurs astronomiques en blancs roulants, c'est-à-dire non terminés, les roulants pour la télégraphie électrique, les roulants et les pendules de voyage pour la France et l'exportation, les roulants ordinaires de la pendulerie, huitaines, réveils de toutes sortes, etc., etc.

M. Martin (Emile) a fondé à Saint-Nicolas une fabrique qui aujourd'hui est la plus importante, comme outillage et comme production. — Il a appliqué la vapeur à son industrie et a obtenu, par ce moyen aidant, un outillage raisonné, une supériorité dans la fabrication par l'abaissement du prix de revient.

Cet outillage lui permet de lutter à prix égal avec les grandes usines du Doubs.

M. Martin (Emile) a exposé :

1° Des roulants de régulateurs astronomiques parfaitement exécutés;

2° Des mouvements et rouages pour la télégraphie électrique. Cette partie de l'horlogerie occupe, chez l'exposant, une grande quantité d'ouvriers. C'est en partie dans ses ateliers que se confectionnent tous les rouages pour appareils Hugues, Morse, imprimeurs, récepteurs de train à cadran, sonneries de gare, etc., qui sont employés dans toute la France;

3° Des roulants de pièces de voyage, et des pendules de voyage terminés.

Ce genre d'horlogerie demande un personnel intelligent, adroit, et tend à conserver à Saint-Nicolas la main des ouvriers;

4° Des mouvements ordinaires du commerce;

5° Des huitaines simples et à réveil, des réveils de toutes sortes, des réveils allumant une bougie, des statuettes à réveil, des tambours à balancier, à cylindre, à ancre, enfin tout l'article d'exportation dont il se fait environ 4,000 pièces par mois dans les ateliers de l'exposant.

M. Martin occupe dans ses ateliers environ 300 ouvriers et ouvrières.

M. A. Delépine expose :

Des régulateurs astronomiques, et en outre un régulateur

de grande dimension avec un échappement à force constante dont le brevet appartient à M. Bosio.

Ce régulateur est parfaitement exécuté, comme tout ce qui sort de chez M. Delepine, successeur de M. Pons; il continue de mériter la réputation de cette ancienne maison.

Il expose en outre des mouvements ordinaires du commerce, dont la marque est très-estimée, des pendules de voyage en roulants, des huitaines et des réveils.

M. Delepine occupe environ 150 ouvriers et ouvrières.

MM. Sauteur frères viennent de fonder tout nouvellement une fabrique d'horlogerie, où ils se livrent à la confection de l'horlogerie d'exportation.

Leur vitrine renferme les échantillons de leur production :

Des tambours à balancier, à cylindre, à ancre, et des mouvements de pièces de voyage parfaitement exécutés.

Ces jeunes gens sont des travailleurs infatigables qui ne tarderont pas à conquérir le rang qui leur appartient. Ils font en outre les spécialités de réveils, qui sont du reste un des produits du pays.

Beaucoup de fabricants de la commune se sont abstenus de paraître à ce grand tournoi, et cela est très-regrettable, car c'était un moyen de faire connaître au monde entier le charmant village où se confectionnent tant d'objets d'horlogerie si utiles et si avantageux à cause de leur bas prix.

M. A. Croutte a fondé un établissement à Blesdal, entre Saint-Nicolas et Saint-Aubin. Un outillage spécial et bien entendu lui permet de livrer ses produits à des prix très-modérés. Comme dans les fabriques de Saint-Nicolas, sa vitrine renferme un échantillon de ses produits, en réveils, quantièmes, huitaines, etc., dont l'exécution lui a mérité la réputation qu'il a su conquérir.

M. Croutte occupe environ 50 ouvriers et ouvrières de Saint-Nicolas et Saint-Aubin.

L'horlogerie de précision est représentée à l'Exposition universelle, pour le département de la Seine-Inférieure, par MM. Jacob, Vissière, Dumas et Scharff.

Il y a environ trente ans que cette fabrication est venue profiter de l'industrie de Saint-Nicolas-d'Aliermont.

Aujourd'hui on fait en France des chronomètres qui peuvent lutter de prix avec les chronomètres anglais.

Quant aux résultats de marche, ils sont constatés par les succès obtenus par les exposants aux concours du dépot de la marine; succès qu'il est difficile de surpasser. En effet, depuis la nouvelle organisation des concours pour l'achat des chronomètres pour le service de la marine impériale, sur 183 chronomètres achetés, 94 ont été livrés par les exposants de la Seine-Inférieure, 5 ont remporté la prime de 1,200 francs.

Le concours est organisé de manière à ce que les instruments ne restant que trois mois en observation, ils subissent les épreuves de température chaude + 30° et froide — 0°, et cela pendant cinq jours pour chaque température extrême, et deux fois dans la durée du concours.

La plus grande erreur de la température ambiante, ajoutée à la température chaude ou froide, ne doit pas dépasser un nombre N = à trois secondes.

Une prime de 1,200 francs est accordée chaque année au chronomètre dont le nombre N est le plus petit, sans cependant être supérieur à 2 s. 50.

150 compteurs environ ont été livrés au dépôt de la marine impériale par les établissements de Saint-Nicolas.

Le mouvement progressif qui s'opère dans la fabrication ne doit pas s'arrêter, et le département de la Seine-Inférieure peut être fier de posséder une industrie si utile à la marine et qui n'était, il y a trente ans, qu'un des beaux privilèges de la fabrication de Paris.

M. Jacob, à Dieppe.

M. Jacob est le premier qui soit venu habiter Saint-Nicolas pour faire profiter l'horlogerie de précision de la division du travail en s'établissant au centre même d'une population occupée à fabriquer des mouvements de pendules ordinaires; c'est ainsi qu'il est parvenu à livrer au dépôt de la marine des compteurs au prix de 600 francs et construits sur les mêmes bases qu'un chronomètre.

Ces compteurs, commandés par la marine impériale, servent à faire les observations à bord ou à terre sans être obligé de déplacer le chronomètre. Leur marche diurne ne doit pas dépasser en plus ou en moins une seconde en vingt-quatre heures.

M. Jacob expose des chronomètres, des compteurs, des pendules de voyage.

On remarque dans ces chronomètres divers systèmes adoptés aux balanciers compensateurs pour corriger l'erreur de la température ambiante aux extrêmes températures, erreur qui varie entre 1 s. et 2 s. 50.

Espérons que ces divers essais, soumis aux épreuves du concours, donneront des résultats qui continueront à placer les chronomètres de M. Jacob dans les limites si difficiles des concours.

Lors de la réorganisation du concours, en 1858, ce fut un chronomètre à M. Jacob qui obtint la première place et fut même classé dans les limites de la prime avec un nombre N = à 2 s. 34.

Depuis, neuf chronomètres lui ont été achetés par le dépôt de la marine impériale, quatre ont été dans la limite de prime.

M. Jacob est chevalier de la Légion-d'Honneur depuis l'Exposition régionale de Rouen, en 1859.

M. Vissière, au Havre.

M. Vissière est bien l'artiste qui, préoccupé d'une idée,

la poursuit avec le courage et la persévérance nécessaires à la lutte. Son but a été de faire de bons chronomètres à des conditions et prix avantageux au commerce, et pour réaliser ce but, il est venu s'établir au Havre pour vendre directement ses chronomètres. Là il est au centre d'une population maritime, en rapport direct avec les capitaines, auxquels il ne livre les chronomètres qu'après avoir bien déterminé l'état absolu et la marche diurne par des observations astronomiques.

Les chronomètres exposés par M. Vissière sont exécutés avec les soins nécessaires à des instruments si délicats; aussi les succès qu'il obtient aux concours du dépôt de la marine le placent parmi nos premiers constructeurs français.

28 chronomètres lui ont été achetés par le dépot.

4 ont été dans la limite de prime.

2 ont obtenu la prime de 1,200 francs; en 1859, le n° 218 avec un nombre N = à 2 s. 22; en 1863, le n° 276 avec 1 s. 80.

M. Vissière est chevalier de la Légion-d'Honneur depuis 1863, pour l'excellence dans la construction de ses chronomètres.

M. Dumas, à Saint-Nicolas-d'Aliermont.

En 1845, M. Gannery fondait à Saint-Nicolas un atelier pour la construction des chronomètres. La prospérité de cet établissement augmentait chaque année sous sa direction intelligente, lorsqu'en 1851 la mort l'enleva à ses amis et à ses travaux. Ce fut un jour de deuil et une perte pour la France, car la réputation qu'il avait su conquérir en peu de temps le plaçait au premier rang de la chronométrie française.

M. Dumas a continué l'établissement de Gannery et cherche à mériter la réputation de son prédécesseur.

Aujourd'hui on construit dans son atelier environ 50 chronomètres ou compteurs.

Voulant donner plus d'essor à la chronométrie française, M. Dumas livre aux horlogers des chronomètres prêts à régler au prix de 500 francs. Déjà plusieurs constructeurs de chronomètres profitent de cet avantage.

M. Dumas expose des chronomètres, des compteurs, des mouvements de chronomètres, des régulateurs.

49 chronomètres ont été livrés par l'exposant au dépôt de la marine à la suite des concours.

14 ont été dans la limite de prime.

2 ont obtenu la prime de 1,200 francs; en 1861, le n° 425 avec un nombre N = à 1 s. 76.

En 1862, le n° 439 avec 1 s. 78.

Ces résultats sont la preuve de la bonne exécution dans le travail.

M. Scharff, à Saint-Nicolas-d'Aliermont.

M. Scharff a fondé son atelier en 1858; en 1860, il présentait au concours un chronomètre dont la marche exceptionnelle lui a valu la prime de 1,200 francs. Ce chronomètre, n° 31, avait pour nombre N = à 1 s. 75.

Depuis cette époque, sept chronomètres lui ont été achetés par le dépôt de la marine impériale.

M. Scharff expose des chronomètres, des compteurs, des mouvements de chronomètres. On remarque dans sa vitrine un mouvement de régulateur dont l'exécution est parfaite. Il expose aussi un régulateur à compensateur à mercure; un régulateur semblable, livré au dépôt de la marine, a une régularité de marche admirable.

MARTIN et DUMAS.

12 Juin 1867.

INDIENNES — ROUENNERIES

TEINTURES — APPRÊTS

GROUPE IV. — CLASSE 27. — GALERIE IV.

I

Nous n'avons pas à refaire l'historique des premiers âges de la rouennerie, de l'impression et de la teinturerie dans notre contrée. Les fabricants de ces spécialités le possèdent aussi bien que nous; pour les autres personnes qui désireraient se remettre en mémoire les phases successives et les transformations qu'ont traversées ces diverses industries, nous les renverrions à nos rapports sur l'Exposition universelle de 1855 (1), de l'Exposition régionale de Rouen en 1860 (2), et au rapport au Comité central 1864 (3). Nous nous bornerons à dire quelques mots des événements qui se sont accomplis dans ces derniers temps, dont l'action est manifeste sur nos diverses branches industrielles et qui

(1) Imprimerie de A. Péron, 1856, par J. Girardin, A. Cordier, E. Burel.

(2) Imprimerie H. Rivoire, 1860, par A. Cordier.

(3) Imprimerie C.-F. Lapierre, 1864, par A. Cordier.

pèseront assurément sur les destinées de notre pays. Ce coup d'œil rétrospectif est indispensable afin de bien faire saisir l'attitude de nos industries textiles à l'Exposition universelle.

Deux événements considérables, qui se sont produits il y a quelques années, ont modifié profondément les conditions de l'industrie cotonnière de la Normandie : le traité de commerce anglo-français du 20 janvier 1860 et la guerre de la sécession américaine, dont les proclamations du président Lincoln, en date des 19 et 27 avril 1861, furent le signal.

La guerre d'Amérique eut pour effet de priver tout à coup l'Europe des cotons Louisiane qui avaient alimenté jusqu'alors les trois quarts de l'industrie du monde. On dut faire appel à tous les pays susceptibles de cultiver ce textile. Ce fut l'Orient tout d'abord qui fournit le plus large contingent : la Chine pour une soixantaine de mille balles, le Japon beaucoup moins ; mais c'est de l'Inde que nous reçûmes les plus larges expéditions, environ quinze à seize cent mille balles.

On connaît les mérites et les défauts du coton de l'Inde ; il diffère essentiellement du courte-soie Louisiane, et en Normandie, où les habitudes et les préférences de la consommation avaient fait prévaloir presque exclusivement ce dernier, il fallut entreprendre des essais et modifier les appareils de la filature et du tissage, avant d'arriver à une manipulation facile et régulière. D'ailleurs, il y avait une double nécessité, le traité de commerce anglo-français, en mettant fin au régime de la prohibition, ouvrait désormais notre marché à la concurrence anglaise. De tout temps, comme on le sait, nos puissants voisins ont utilisé les cotons qu'ils tirent de leurs possessions asiatiques ; ils possèdent toute l'expérience, toute l'habileté possibles à cet égard.

Nos manufacturiers se mirent à l'œuvre ; mais les premiers essais furent loin d'être satisfaisants, d'autant plus que l'on avait encore sous les yeux les types des belles et bonnes qualités de tissus que l'on avait l'habitude de fournir à l'aide du coton américain. Les modifications ne devaient pas porter seulement sur les appareils de la filature, il fallait encore étudier les qualités bonnes et mauvaises de chaque sorte de coton, puis les mélanger dans des proportions voulues, de manière à obtenir une moyenne qui se rapprochât de l'ancien type de Rouen. Nos filateurs et tisseurs arrivèrent en peu de temps à des résultats aussi complets que possibles, sous le rapport de la régularité et de la solidité, dans les limites imposées par la nature de la matière, et, nous sommes heureux de le constater, notre calicot *compte* 30 de Rouen est supérieur, comme conditionnement, à tous les similaires anglais.

Mais le coton de l'Inde possède un défaut capital ; il est en général plus court, plus rigide que l'ordinaire venant de la Louisiane. Il n'a pas la souplesse, l'élasticité, ni la blancheur de ce dernier, et il en résulte qu'il se prête moins bien au blanchîment et à la coloration. Certaines teintures même donnent des résultats tellement imparfaits, qu'on a dû les abandonner.

Ces difficultés ont une importance considérable par rapport à la rouennerie et à l'indienne. L'industrie normande est vouée exclusivement à la production des articles à bon marché ; il lui faut donc, de toute nécessité, se renfermer dans l'emploi des cotons de qualité inférieure, d'autant plus, nous le répétons, que la compétition étrangère lui en fait désormais une loi absolue.

L'Alsace n'éprouve pas les mêmes inconvénients ; elle se porte de préférence, notamment pour les impressions, vers les articles de luxe qui sont destinés aux classes aisées, et dans lesquels le goût, l'invention, le cachet artistique, la perfection de l'exécution constituent la principale valeur. Il résulte de cette différence de conditions qu'à Rouen, l'impression représente tout au plus 20 à 25 0/0 de la valeur totale du produit, et qu'à Mulhouse, elle s'élève souvent à plus de 50 0/0. L'Alsace, qui n'est point limitée par les conditions de prix, a pu persévérer dans l'emploi des matières de premier choix ; elle n'a été arrêtée par aucun obstacle pour arriver à la réalisation du beau et du parfait. Rouen, au contraire, soumis aux conditions que nous avons indiquées, se trouve aujourd'hui inférieur à lui-même, si on se reporte à ce que l'on faisait avant 1860. Mais si la comparaison porte sur les genres de même nature qui figurent dans les expositions de la Prusse, de l'Autriche, de la Suisse, de l'Espagne et de la Russie, nous avons la satisfaction de constater que nos indiennes et rouenneries occupent un rang distingué et qu'elles sont supérieures au plus grand nombre.

Après avoir reconnu le mérite relatif de nos étoffes, il nous est indispensable d'en établir le prix de revient ; c'est un point capital, surtout quand il s'agit de comparer entre eux des articles de grande consommation.

L'indienne et la rouennerie sont des produits qui sont le résultat de la combinaison de quatre opérations préalables et successives : la filature, le tissage, l'impression et la teinture ; en d'autres termes, c'est la quatrième plus-value ajoutée au coton brut. Le prix de revient de l'indienne de Rouen s'élève à 20 ou 25 0/0 en plus, selon le genre, de celui des similaires anglais. L'écart est d'environ 5 0/0 moins élevé avec la Belgique et la Suisse.

Cette différence si énorme procède de plusieurs causes que nous allons faire connaître, mais dont la principale, celle qui détermine toutes les autres, est la cherté du combustible. C'est un point qui n'a pas été suffisamment élucidé dans l'enquête qui a précédé la réforme économique de 1860 ; on nous pardonnera d'y revenir aujourd'hui.

Si l'on examine les diverses transformations que subit le coton avant d'arriver à la consommation : filature, tissage, blanchiment, impression, teinture, apprêt, etc., on reconnaîtra que chacune de ces opérations nécessite l'emploi de forces successives qui se traduit en une somme de dépenses en combustible. Afin de préciser, nous prendrons pour exemple une opération de 10,000 kilog. de tissu imprimé, genre garancine de Rouen, ce qui égale à 8 kilog. par pièce, 1,250 (1) pièces, et nous aurons :

10,000 kil. coton filé, à raison de 3 kil. de charbon par kil., filé nos 24-28	30,000 kil.
10,000 kil. calicot, à 3 kil. de charbon par kil. de tissu.	30,000 »
10,000 kil. indiennes, pour le blanchîment, l'impression, la teinture, l'apprêt (y compris les produits chimiques)	200,000 »
Charbon tout venant.	260,000 kil.

Dont le prix, au carreau de la mine, en Angleterre, est de 8 fr. la tonne :

Soit.	2,080 fr.
Et sous vergue à 10 fr.	2,600 »
Au port de Rouen, 260 0/0.	6,760 »

En admettant que le prix du charbon sous vergue soit l'équivalent de celui que le manufacturier anglais reçoit à pied d'usine, soit 10 francs, l'écart se trouve être de. . . . . (2) 4,160 fr.

(1) Afin de ne pas surcharger nos calculs de chiffres qui les rendraient inintelligibles, nous négligeons les déchets qui trouvent leur emploi en dehors de l'opération.

(2) Les charbons anglais expédiés au port de Rouen pendant les années 1865-66 viennent des ports de :

		tout venant		menu
Newcastle	—	10 60	—	5 60
Sunderland	—	9 48	—	5 60
Goole	—	10 60	—	6 25
Warworth	—	9 40	—	5 60
Hartlepool	—	9 40	—	5 60
Hull	—	10 60	—	6 25
Midlesbro	—	9 40	—	5 60
Llanelly, etc.	—	10 60	—	5 60

Le fret ayant été pendant ces deux années, pour Rouen, de 14 à 15 fr.

Le prix de l'indienne, genre garancine, étant de 68 centimes (1) par mètre, une pièce de 85 mètres vaudra, escompte déduit, 56 fr., soit pour 1,250 pièces, représentant 10,000 kil. . . . . 70,000 fr.

La différence dans le prix de revient, rien que du chef du prix des charbons, entre la fabrication anglaise et la fabrication normande, est donc de 6,3 0/0 (2). Mais comme le prix de façon est le véritable champ de bataille où se mesurent les forces des antagonistes, si nous voulons avoir l'expression réelle de leurs situations respectives, il nous suffira de déduire de la somme du produit le montant du prix du coton en laine, qui diffère peu entre Liverpool et le Havre, et nous aurons les chiffres suivants :

10,000 kil. coton, plus 159 déchet = 11,500 kil.

à 3 fr. 50 c. (3). . . . . 40,250 fr.

Qu'il faut soustraire de. . . . . 70,000 »

Reste. . . . . 29,750 fr.

sur lesquels pèse la différence du prix des combustibles de 4,160 fr. et représente en réalité un avantage de 16 25 0/0 en faveur du manufacturier anglais.

Il est banal de répéter que la houille est, dans l'industrie moderne, le germe, la base, la vie de tout; le prix trop élevé des charbons entraîne des conséquences incalculables : il entrave, il paralyse, il comprime tout essor ; c'est un frein posé sur chaque moteur, chaque organe des machines, dont l'effet se multiplie à chaque transformation de la matière : sur le *coton filé,* sur le *coton tissé,* sur le *coton blanchi,* sur le *coton imprimé,* sur le *coton teint.* Sans compter que toutes

la tonne de tout venant, revenait en moyenne à 25 fr. Cette année, le prix s'élève à 26 et 27 fr. indépendamment du droit d'entrée qui est de 1 fr. 20.

(1) Cours du 1er juin, époque à laquelle ce travail a été fait.

(2) Le prix français étant de 70,000 fr., le prix anglais est de 70,000-4,160 — 6,5840. Donc avantage en faveur de ce dernier de 6, 3 0/0.

(3) 1er. juin.

les branches qui participent ou se rattachent à l'œuvre principale sont également atteintes, telles que la métallurgie, la fonderie, la chaudronnerie, la construction des machines, la fabrication des produits chimiques, l'industrie des transports, etc., etc., dont l'ensemble se confond dans les frais généraux du produit définitif et dépasse certainement les 25 0/0 d'écart que nous avons constatés.

Dites-nous combien un peuple consomme de charbon et nous vous dirons quelle est sa richesse et sa puissance d'action. Les deux situations que nous venons de définir nous dispensent désormais de tout autre commentaire ; elles ont des conséquences qui ne peuvent échapper aux personnes mêmes les plus étrangères à l'industrie ; elles font comprendre pourquoi la lutte est impossible sur le terrain de la libre concurrence, et pourquoi nous en sommes presque réduits au débouché de notre marché intérieur ; pourquoi il a fallu, lors du traité international, établir un droit de protection de 15 0/0 sur la valeur, à l'entrée des tissus imprimés.

Ce droit est indispensable, il est précieux, il est vrai ; mais il ne peut sauvegarder l'avenir, car dans le champ clos où nous nous mesurons, nous recevons tous les coups sans que nous puissions en rendre aucun. Aussi notre production se réduit-elle de jour en jour (1) et les difficultés grandissent-elles en proportion. N'est-ce pas un axiome en industrie, que pour arriver au bon marché, il faut produire dans toute la mesure des moyens de fabrication ; de même qu'en commerce, il faut opérer sur la plus vaste échelle.

Nous nous bornerons à ces quelques observations, et nous négligerons, pour aujourd'hui, ce côté si intéressant de notre étude ; nous nous réservons, dans une autre circonstance, de rechercher la solution de ce problème. Toute-

(1) En 1860, on comptait à Rouen 32 fabricants d'indiennes ; il n'y en a plus que 18.

fois, qu'il nous soit permis de dire en passant, que nous ne voulons d'autre remède au grave inconvénient signalé par nous, que dans l'amélioration des voies et moyens qui concourent à l'œuvre de la production, et, sur ce point, le champ est des plus vastes.

Maintenant que nous avons indiqué dans quelles conditions opère notre industrie et quelle est sa position vis-à-vis de ses compétiteurs anglais, belges ou suisses, on comprendra quelle énergie elle doit dépenser, quels efforts elle doit multiplier pour dominer les difficultés qui s'accumulent sur ses pas et pour compenser tant de causes d'infériorité. C'est un premier mérite qu'il nous importait de signaler, et ce n'est pas le moindre, avant de procéder à aucune espèce d'examen.

II

Les pays qui ont envoyé des tissus teints et imprimés sont : la France, la Suisse, la Belgique, la Hollande, la Prusse, l'Autriche, la Russie, l'Espagne et le Portugal. L'Angleterre n'a qu'un seul exposant dans cette spécialité, et encore y figure-t-il plus particulièrement pour quelques pièces de toile de lin imprimé; les Etats-Unis d'Amérique font complétement défaut. C'est une lacune des plus regrettables. Pourquoi cette abstention qui semble systématique de la part des deux plus grands producteurs d'étoffes de coton du monde? Il y a là une énigme dont le sens nous échappe; sans doute que la Commission impériale nous en donnera l'explication. En attendant, nous ne pouvons qu'exprimer nos regrets bien sincères de l'abstention de ces deux puissances industrielles, dont l'importance de la production cotonnière est, vis-à-vis de la France : pour les Etats-Unis, comme 6 est à 10, et pour l'Angleterre, comme 6 est à 40. Elles constituent un type à part qui se distingue essentiellement du nôtre et du reste de l'Europe; la fabrication normande, dont la condition d'être l'a poussée de tous temps dans la direction où dominent ces deux pays, celle du bon marché, n'aurait pas manqué d'étudier avec intérêt et certainement avec fruit, les produits de ces redoutables compétiteurs.

L'industrie des impressions est l'une des plus scientifiques qui existent; elle a su s'approprier les découvertes les plus récentes dans le domaine de la science; la chimie surtout lui a fourni un précieux concours, et en retour cette science lui est redevable de plusieurs révélations intéressantes. Elle s'inspire de l'art dans ses créations les plus gracieuses; elle y puise sa force, sa richesse, et c'est par ce côté qu'elle s'impose et qu'elle assure son succès. Aussi devons-nous envisager les produits de cette spécialité sous les deux aspects du goût d'abord, c'est-à-dire du sentiment de l'art dans les formes et dispositions des dessins; ensuite de la richesse du coloris, de sa pureté, de sa vivacité, qui sont le résultat des combinaisons chimiques et de l'exécution mécaniques savamment appliquées.

On n'attend pas de nous une étude de tous les genres dont se compose la fabrication de l'indienne; d'ailleurs il nous suffira de renvoyer le lecteur à l'article : « *Tissus imprimés,* « *Indiennes, Toiles peintes,* du dictionnaire universel, théo- « rique et pratique du commerce et de la navigation, page « 1665 et suivantes, et signé de l'éminent professeur M. Persoz. » On y trouvera, sous la forme la plus concise et en même temps la plus complète, la classification et la définition des principaux genres qui font l'objet de la fabrication de l'indienne. Nous nous bornerons, afin de rendre notre travail intelligible, à diviser les impressions sur coton en trois grandes catégories principales :

1° Les robes;

2° Les impressions pour ameublement;

3° Les châles et cravates.

Chacune de ces catégories se subdivise naturellement en

deux genres différents : le genre riche ou de fantaisie, et le genre simple ou de consommation.

Ces classifications, ainsi que leurs qualifications, indiquent l'usage et la destination des différents produits. La *fantaisie* ou la *nouveauté* s'adresse à la classe aisée, elle n'est limitée en rien dans ses conceptions ; la mode et ses caprices lui servent de règle ; c'est elle qui l'inspire, qui la transforme, la condamne à se renouveler sans cesse. Chaque jour voit naître des *nouveautés* dont l'apparition a pour effet de *démoder* celles de la veille et de leur faire perdre leur principale valeur.

La fabrication de Mulhouse est la plus haute expression des genres *fantaisie :* ses jaconats, ses piqués, ses percales, aussi bien que ses indiennes perse pour meubles et ses cretonnes, sont les prototypes du genre, sous le rapport de l'invention, de la perfection et du fini.

Nous n'avons pas pour mission de décerner la palme de supériorité à personne ; cependant nous nous attachons de préférence aux manufacturiers dont les produits accusent plus sincèrement l'expression de leur fabrication courante. Dans cette spécialité plus qu'ailleurs on est exposé à rencontrer des tours de force excentriques qui attirent les regards, mais qui n'ont aucun caractère industriel. Nous préférons de beaucoup l'idée simple, gracieuse, rendue par des couleurs et des lignes harmonieuses, aux dispositions gigantesques permises seulement aux peintres en décors. Celles-ci peuvent rencontrer un succès d'engouement qui fera illusion ; mais à cet égard les Anglais et les Américains l'emportent de beaucoup sur nous ; aussi ce n'est pas là que nous prendrons les modèles que nous préférons. Les collections de MM. Steinbach, Kœchlin et frères Kœchlin, nous donnent l'expression entière de ce dessin sobre, ingénieux, éclectique, qui sait s'approprier avec discernement tous les effets, toutes les combinaisons : le cachemire, l'écossais, le grec, l'étrusque, l'arabesque, et en faire sortir ce composé charmant qui caractérise au plus haut degré ce que l'on appelle le goût français. C'est là surtout que nous avons trouvé le beau dans la simplicité et la simplicité dans le beau ; en un mot, ce je ne sais quoi d'indéfinissable qui charme, qui s'impose et qui assure l'ascendant de la fabrication française sur celle des autres pays.

Avant de passer à l'examen des collections étrangères, nous devons déclarer que nous avons à cœur de nous défendre de toute espèce d'entraînement et de prévention patriotique ; cependant nous n'hésitons pas à proclamer que l'Alsace laisse, sous le rapport de l'invention et de la perfection, bien loin derrière elle ses autres compétiteurs. A une distance marquée, nous citerons MM. Kœchlin et Baumgarther, d'Autriche, qui présentent des impressions pouvant figurer avec honneur à côté des premiers fabricants. Partout ailleurs, en Suisse, comme en Prusse et en Russie, on rencontre des jaconats dont l'exécution est soignée, mais qui sont plutôt de la consommation que de la véritable nouveauté. Nous ajouterons même que le dessin n'y est acceptable qu'autant qu'il reproduit les effets simples et traditionnels, mais dès qu'il vise à la fantaisie, tout aussitôt les lignes heurtées, les formes disparates révèlent la main inexpérimentée du dessinateur. En un mot, ce n'est plus une création, c'est un assemblage de décalques incohérents.

III

Si Mulhouse occupe le premier rang dans la fabrication des nouveautés, Rouen s'est voué de préférence à peu près exclusivement à la production des étoffes à bon marché, à celles qui conviennent au plus grand nombre et par conséquent sont susceptibles d'une large consommation. On a appelé l'industrie normande *la fabrique du pauvre*, et c'est vrai sous tous les rapports. Ici plus de ces tissus diaphanes, de ces mousselines, de ces gazes impondérables ou de ces piqués à la contexture réduite et serrée sur lesquels on fait naître les formes les plus riches et les plus variées. La chaîne et la trame du tissu sont calculées de telle sorte qu'elles puissent offrir le plus de résistance possible et se prêter à une fabrication rapide.

Les impressions sont soumises aux mêmes conditions : les formes sont simples, harmonieuses; cependant la plupart sont de date ancienne et la tradition, aidée de moyens d'exécution de plus en plus parfaits, en a fait disparaître les incorrections et les a amenées au type immuable qui doit se reproduire indéfiniment. Ce type admis, les efforts n'ont plus eu d'autre but que de perfectionner par la simplification les moyens de reproduction, en vue d'arriver au plus bas prix possible. Telles sont, du reste, les évolutions ordinaires du goût chez tous les peuples : les préférences se concentrent sur un nombre assez limité de formes et de couleurs et finissent par constituer un genre définitif; les Ecossais, les Bretons, les Hindous, les Arabes, etc., ont fini par s'arrêter à un type devenu national.

A chacun donc son idéal : Mulhouse sera sans cesse à la recherche du nouveau sans préoccupation sérieuse du prix ; la mode avec tous ses caprices, ses entraînements, ses débauches de goût mêmes, sera son guide exclusif. Rouen, au contraire, cherchera la perfection relative, dans les limites du bon marché. L'observateur verra peut-être dans cette tendance une des causes déterminantes de la lenteur avec laquelle se rajeunissent et se renouvellent les manufactures d'impression en Normandie. En effet, chacun sait que l'amortissement du matériel figure pour une large part dans les frais généraux; aussi il arrivera souvent qu'un établissement ancien, dont les annuités d'amortissement sont devenues insignifiantes, pourra établir ses marchandises à des prix que ne peuvent réaliser des fabriques plus récemment organisées.

Il n'est rien en France cependant qui puisse se soustraire à l'empire de la mode ; tout en se renfermant dans les limites du bon marché, Rouen produit aussi des nouveautés qui lui sont particulières et qui alimentent en grande partie le peu d'exportations qu'il fait avec l'Italie et l'Allemagne. Malheureusement les hauts prix des tissus sont un obstacle invincible au débouché ; aussi la contrefaçon étrangère, particulièrement en Angleterre, en Suisse et en Belgique, fait-elle sa proie des dessins, des combinaisons imaginées chaque saison par la fabrique de Rouen.

Nous pouvons donc enregistrer ces deux faits incontestables : c'est que Mulhouse, pour les fantaisies riches, Rouen pour les fantaisies à bon marché, donnent naissance, chacun dans sa sphère, aux effets dont s'empare la mode dans toutes les régions du monde civilisé. Un simple coup d'œil jeté sur les Expositions de la Prusse, de l'Autriche, de l'Espagne, de la Russie, de la Belgique, en fournira la preuve, et naturellement, nous pouvons l'affirmer, on y constate la différence ordinaire entre l'original et la copie, entre l'invention et l'imitation.

IV

Pour cette spécialité, le concours est assez nombreux à l'étranger, bien que l'Angleterre et les Etats-Unis, ainsi que nous l'avons dit, se soient complétement abstenus.

La Belgique emprunte ses idées à l'Alsace et pour une plus large part à la Normandie. Ses meubles garancine sont la continuation du vieux type à la Perrotine, en grande partie délaissé aujourd'hui à Rouen. Du reste, la fabrication est soignée.

L'exhibition prussienne se compose, pour la majeure partie, du genre de Rouen ; la fabrication en est bonne, bien que le ton dominant des couleurs soit généralement dur. Peut-être est-ce l'effet de l'abus du surogat.

L'Exposition de l'Autriche est des plus remarquables. MM. Leitenberger, Lebig et Dormizer ont particulièrement des choses dignes d'attention. Le goût qui règne dans ces impressions est inspiré en majeure partie de l'Alsace, un peu de Rouen et du genre anglais. C'est en général une fabrication soignée et consciencieuse.

La Suisse a exposé plus particulièrement des teintures Andrinople. Nous aurons lieu d'y revenir plus tard. Les autres fabrications ne présentent rien d'extraordinaire. Les cravates, qui sont la reproduction ou continuation de l'ancien genre de Rouen, sont d'une exécution satisfaisante. Ce mérite procède surtout d'une main-d'œuvre excessivement bon marché, qui permet de la multiplier et d'obtenir des effets que la perfection des appareils mécaniques ne peut réaliser ni compenser.

L'Espagne présente une collection assez nombreuse qui n'offre rien de saillant pour l'étude que nous faisons. En général, c'est plus ou moins ce que l'on rencontrerait dans une fabrique de troisième ordre à Rouen. Nous n'avons à enregistrer aucun progrès notable depuis l'Exposition de 1855. Quelle en est la cause, alors que partout ailleurs on reconnaît des perfectionnements sensibles? C'est ce qu'il nous serait difficile d'expliquer, autrement que par l'affaissement moral qui pèse sur ce pays.

La Russie présente une remarquable collection d'étoffes imprimées et teintes; on y sent une industrie vivace et en progrès. Son vaste marché et les immenses débouchés qui s'ouvrent devant elle sur tous les points de l'Asie lui réservent un avenir riche et prospère. Au temps où nous vivons, avec l'esprit qui anime les sociétés, avec la diffusion des sciences et des lumières de toutes sortes, la puissance vient vite aux peuples que les circonstances favorisent.

A côté des fabrications que nous avons signalées et qui nous ont servi de termes de comparaison dans notre examen, parce qu'elles sont plus générales, il en est d'autres qui sont négligées aujourd'hui dans notre circonscription ou qui en ont disparu. Ainsi les genres lapis, les réserves et les autres articles dans lesquels intervient l'indigo, sont traités avec soin en Suisse. Nous en dirons autant du rouge Andrinople. Cet article surtout occupe une large place dans cette Exposition. Nous ne voulons pas exercer une critique trop approfondie, de notre part peut-être laisserait-elle une arrière-pensée dans l'esprit du lecteur. Cependant il nous sera permis de faire remarquer que cette collection fort riche, la plus brillante en coloris que nous connaissions et si ingénieusement présentée au public, demande à être examinée attentivement. Ce ton vif et ponceau ne serait-il qu'un éclat éphémère qui se ternit promptement à l'air? Nous regrettons de n'avoir pas eu sous les yeux les rouges de Glascow et mieux encore ceux de M. Steiner de Ribeauvillé; nous préférons de beaucoup leur belle pourpre cerise et fixe à ce reflet fugitif. La Russie tient le milieu entre les deux, ses tons sont loin d'être aussi éclatants, mais ils sont corsés et présentent toutes les garanties d'une bonne et estimable fabrication.

Ces diverses teintures, si nous ne nous trompons, ne sont que la reproduction, ou à peu près, des procédés connus depuis un siècle en Europe, et que l'Inde et la Grèce nous ont transmis. Ces procédés sont sujets à deux graves inconvénients : très-souvent le tissu est altéré ou brûlé, et en outre ils réclament des manipulations lentes et multipliées qui ne durent pas moins de six semaines à deux mois. Le coloris, comme richesse et pureté, est arrivé à son dernier terme de perfection; c'est donc du côté de l'inaltérabilité du tissu et de la rapidité de l'exécution que doit désormais se manifester le progrès.

Nous pouvons affirmer que, sous ce rapport, le problème a été résolu à Rouen.

Les châles et cravates ont occupé naguère une large place dans notre centre industriel. Il y a peu d'années, on en fabriquait deux à trois millions de douzaines; aujourd'hui on en produit à peu près le quart. C'est à Rouen qu'ont pris naissance les genres foulards et cravates similaires à ceux qui figurent dans les Expositions de la Suisse, de la Prusse, de l'Espagne, etc. Chez nous, la mode a donné une autre direction aux usages, et l'article a été délaissé ou abandonné pour un autre. On aurait pu prolonger cette fabrication et la développer en cherchant des débouchés au dehors; mais en Suisse et en Prusse la main-d'œuvre offre des avantages si marqués que les placements que nous pouvons espérer se réduisent à un échantillonnage très-divisé, très-restreint, et par conséquent ruineux.

Longtemps nous avons lutté, grâce au mérite de l'originalité, de la rénovation incessante; mais ces qualités ne pouvaient s'obtenir que par un surcroît de frais généraux; les obstacles grandissaient donc en raison des efforts tentés pour triompher des difficultés. C'était un cercle vicieux dont on n'a pu sortir que par l'abandon successif de cette intéressante spécialité, qui cependant, nous le répétons, était essentiellement rouennaise.

A côté de ces fabrications, qui représentent le champ clos où les divers pays d'Europe viennent rivaliser de talent, de science et d'habileté, la Hollande en expose une autre où elle règne à peu près sans partage, car une seule maison suisse, je crois, en a présenté quelques échantillons. Ce sont les étoffes imprimées réserve sous bleu, destinées aux pays de l'Inde, à Siam, à la Cochinchine, etc., et qui sont connues sous les noms de sarongs, kains, baticks, etc. Ce genre, de même que les liminéas que nous envoyons à la côte d'Afrique, est la reproduction artificielle des impressions que font les indigènes à l'aide de procédés rudimentaires.

Pour arriver à ce résultat, il faut trouver certains moyens, certains tours de main qui présentent d'assez sérieuses difficultés. Ce n'est pas chose aisée pour nous, habitués au goût européen, qui exige des formes nettes, des lignes arrêtées et régulières, que de produire ces dessins où les couleurs se fusionnent, se mêlent, se dégradent et cependant composent un ensemble harmonieux et vigoureux de ton par l'effet des contrastes. Il y a là une difficulté sérieuse de vaincue.

V

Dans cette rapide inspection, nous avons essayé de faire ressortir le caractère des fabrications de chaque pays qui figurent dans ce vaste concours ; nous avons signalé les mérites particuliers qui distinguent chaque spécialité; si nous cherchons quels sont les faits nouveaux qui se détachent de l'ensemble et qui annoncent un progrès marqué sur l'Exposition de 1855, nous avons peu de choses à enregistrer. Beaucoup de perfectionnements, mais aucune invention. Les couleurs de l'aniline et de la fuschine, sorties des mains de Perkins et de Hoffmann, ont fourni une brillante carrière : le violet, le rouge, le bleu, le jaune, le noir que l'on en obtient, ont éclipsé toutes les nuances produites par les colorants employés avant cette découverte ; la série des tons est aussi complète que possible, et il est difficile de supposer que l'on puisse arriver à des reflets plus purs et plus éclatants. Mais ces merveilleuses couleurs, si nous en exceptons le noir, laissent beaucoup à désirer sous le rapport de la fixité ou solidité. Aussi a-t-on étudié avec un intérêt particulier un nouveau mode d'extraction et d'application du colorant de la garance. M. Scheurer-Rott, et mieux encore M. Schlumberger fils, ont exposé des impressions fort remarquables qui reproduisent tous les tons que donnent les anciens procédés de teinture. Quel avenir est réservé à ce nouveau traitement de l'antique garance? C'est ce qu'il nous serait difficile de prévoir ; dans l'état actuel, le produit, dit-on, ne fournit pas de résultats assez réguliers pour que l'on puisse y chercher la base d'une fabrication suivie et importante. Quoi qu'il en soit, c'est une donnée fort intéressante qui tient peut-être en germe la rénovation de l'industrie de l'indienne.

VI

Il nous reste à dire un mot sur le dessin, envisagé au point de vue du goût, autrement dit à rechercher les manifestations de l'art dans les conceptions du dessinateur.

Nous l'avons déjà fait remarquer, les imprimeurs sur étoffes obéissent à deux tendances différentes ; ils suivent deux courants parallèles qui se renouvellent sans cesse : l'un correspond aux fantaisies des classes riches, l'autre a pour but de satisfaire aux besoins des populations laborieuses. Le premier est à la recherche du beau, de l'éclatant, de l'extraordinaire, et pour y parvenir, rien ne l'arrête : le prix des tissus, la multiplicité des mains-d'œuvre, question secondaire. A force de chercher, de tenter, il trouve quelquefois le beau, l'original, et souvent il tombe dans l'extravagant. Dans ces derniers temps, le développement rapide de la richesse publique, sa répartition plus ou moins générale, les appétits du luxe qui en ont été la conséquence, ont été l'origine d'une ère de prospérité prodigieuse pour la spécialité des fantaisies.

Les impressions destinées à la consommation sont soumises à des conditions toutes différentes. Pour loi absolue, elles ont le bon marché, le bas prix. Nous en avons eu la preuve dans ces derniers temps, lors de la crise cotonnière : le prix des indiennes, par suite de la disette des cotons, s'était élevé de 35 à 40 0/0 ; tout aussitôt le débouché avait diminué dans la même proportion. Sous l'empire de cette condition, cependant, il faut obéir au penchant irrésistible qui distingue les populations d'origine européenne ; il faut innover, créer, rajeunir, en un mot faire de la nouveauté sans cesse et quand même. Mais cette nouveauté est circonscrite dans des limites très-rigoureuses : aussitôt que le prix de l'indienne se nivelle avec celui des tissus de laine ou mélangés de laine, le consommateur la délaisse pour ces derniers. Le champ dans lequel le chercheur doit se mouvoir est donc des plus étroits, et c'est tellement vrai, que d'anciennes fabrications de l'effet le plus riche, telles que les lapis, ont du être abandonnées en raison de la multiplicité des mains-d'œuvre qui en élève le prix. Aussi la nouveauté ressortira-t-elle le plus souvent de transpositions de formes, ou de changement de quelques lignes ; ce qui était en long, sera mis en travers ; ce qui se faisait en lignes droites, se fera en lignes brisées ; le carré se substituera à la forme ronde, etc. Ajoutons encore que la palette du dessinateur est des plus pauvres : trois ou quatre tons en bon teint ; je ne parle pas des couleurs plus brillantes, mais moins solides, dont l'emploi n'est toujours que passager.

Le caractère de ces deux spécialités étant ainsi défini, disons que, parmi les produits de l'Alsace, il y a de belles choses, irréprochables comme distribution de formes, comme disposition de nuances, comme harmonie de tons et de lignes ; disons aussi qu'il y en a, et en certain nombre, qui sont d'un goût fort contestable.

En ce qui concerne le type Rouen, nous devons bien le confesser, le goût est des plus vulgaires, sauf dans les petites dispositions d'effets simples qui se perpétuent par tradition.

A qui devons-nous faire remonter ces reproches ? Au fabricant d'abord et au consommateur pour la plus large part. Le fabricant obéit forcément à ce caprice public qui prend son origine on ne sait où, qui surgit tout à coup, sans motif, sans cause ; qui va d'un extrême à l'autre, qui parfois se signale par un goût exquis, mais plus souvent trivial, absurde ; en un mot, il doit obéir à la mode. La mode n'a que des préférences éphémères ; elle passe subitement, sans transition, sans qu'il soit posible d'en indiquer le pourquoi, du grec au gothique, de l'écossais au cachemire indien. Elle arbore successivement le jaune, le vert, le bleu, le ponceau, etc. La merveille du jour sera une horreur le lendemain. Evidemment qu'à travers ces diverses évolutions et métamorphoses, le hasard donne naissance à des choses. véritablement belles; mais trop souvent c'est le contraire qui arrive. Le fabricant habile est celui qui, pénétré du sentiment de l'art, traduit tous ces caprices et ces fantaisies avec goût et sait en faire sortir un composé harmonieux. Hâtons-nous de dire qu'il en est récompensé par un succès avantageux à ses intérêts.

Ce que nous avançons s'adresse surtout à la spécialité des articles riches, attendu que les consommateurs ont des notions artistiques qui les mettent à même d'apprécier ce qui est beau. Nous ne pouvons en dire autant des genres ordinaires, rarement on rencontre une composition de goût dans l'indienne qu'on est convenu d'appeler nouveauté. Pourquoi cela? C'est que les populations qui consomment cet article n'ont aucune idée de l'art; leur goût est encore à naître; leurs préférences se portent ordinairement vers les bizarreries, les excentricités les plus saugrenues. Le paysan avait bien jadis un costume traditionnel particulier à sa province ou à son canton, costume ordinairement pittoresque, toujours original; mais aujourd'hui que les grandes voies de communication ont pénétré dans tous les sens, dans toutes les directions et provoqué ce rayonnement incessant du centre à la circonférence, Paris a jeté un ferment de dissolution dans les vieux usages, dans les mœurs et les habitudes. Où sont maintenant les Cauchoises, les Bayeusines, les Lexoviennes? Autant en emporte la vapeur; les antiques costumes s'en vont pour faire place à une mascarade qui n'a pas de nom.

Et cependant c'est la France qui crée la mode; ses caprices, ses engouements sont acceptés, recherchés dans l'univers. Le pays tient donc dans ses mains une force immense, une véritable puissance, acceptée, obéie ; en tout cas, c'est une des sources les plus fécondes de notre fortune industrielle. Ne serait-il pas à désirer que cet ascendant fût fortifié par un goût plus épuré, et que les créations de l'industrie fussent toujours une émanation de l'art? Ce point nous paraît être mis hors de conteste. Puisqu'il en est ainsi, nous ne voyons qu'une chose à faire, c'est de vulgariser l'art, c'est d'enseigner le dessin dans toutes les écoles primaires.

Assurément nous n'avons pas l'espoir de voir la France convertie en un immense foyer artistique, et nous le regrettons ; mais si nous consultons notre génie national, si nous envisageons le tempérament de notre race si facilement porté à l'enthousiasme, nous osons l'affirmer, c'est chez nous que l'on doit espérer les résultats les plus extraordinaires et les plus féconds d'une pareille mesure. Nous nous bornerons à cette simple indication et au vœu que nous venons d'émettre ; l'étude que nous nous sommes proposée ne nous permet pas de plus amples développements sur cette question. D'ailleurs nous n'ignorons pas que l'éminent ministre qui dirige l'instruction publique a déjà beaucoup fait dans le sens que nous indiquons, et nous espérons qu'il mènera à bonne fin cette œuvre patriotique si dignement et si courageusement entreprise.

VII

Il nous reste encore un mot à dire sur l'article rouennerie.

La fabrication des étoffes tissées en couleur, comprise sous la dénomination générique de *rouenneries*, a une grande importance dans notre centre industriel ; la production annuelle ne s'en élève pas à moins de quatre-vingt millions, répartis entre trois cents fabricants environ.

Il était à supposer que cette importante spécialité aurait

de nombreux représentants à l'Exposition, et, en effet, près de quarante s'étaient fait inscrire, tant pour la classe 27 que pour la classe 91. La plupart, pour des motifs que nous n'avons pas à examiner ici, se sont retirés, et il n'en est resté que quatre. Si ce nombre est peu important, du moins les collections sont à la hauteur de l'antique réputation de nos cotonnades : les couleurs, le nuancé, le tissage et l'apprêt soutiennent, sans désavantage, la comparaison avec ce qu'il y a de mieux en Belgique et en Suisse.

Cette dernière seulement a exposé quelques spécimens en filés fins et comptes très-élevés qui ont un mérite tout à fait à part. Quant au surplus, nos fabrications supportent hardiment la comparaison. Si même nous devons conclure, d'après ce que Roanne a exhibé dans ce genre, c'est que les acheteurs cèdent souvent à un parti pris ou à un entraînement inexplicable, car les tissus qui viennent de cette fabrique ne justifient pas suffisamment la renommée qu'on leur a faite dans ces derniers temps.

La teinturerie est dignement représentée : les couleurs bon teint, les nouvelles nuances, les effets de chinage, constituent des éléments complets pour la fabrication des tissus.

Nous en pouvons dire autant des blancs et apprêts, et dans cette spécialité, où il est si difficile d'innover, nous avons cependant constaté de nouveaux effets, de nouvelles combinaisons, imaginés par l'exposant ou empruntés à l'étranger, qui révèlent une industrie à la recherche du progrès.

VIII

Résumons-nous.

En présence des difficultés contre lesquelles se débat l'industrie cotonnière de notre circonscription ; envisageant les circonstances au milieu desquelles est née la situation, nous ne nous dissimulons pas tout ce qu'il y a de délicat dans la mission qui nous a été confiée.

On a pu remarquer que nous nous sommes abstenu de former aucun jugement sur les mérites des divers compétiteurs ; nous ne sommes pas le jury et nous ne tenons aucunement à préjuger ses décisions. L'opinion publique est le juge souverain en cette matière et elle saura bien reviser les jugements entachés d'erreur. Bien que nous soyons fort de notre conscience et que nous nous sentions parfaitement dégagé de toute espèce d'intérêt privé et des attaches de la clientèle, nous visons plus haut, nous cherchons quelle est la vérité utile aux intérêts de la circonscription et du pays en général.

De l'examen auquel nous nous sommes livré, il ressort que le genre d'indiennes, qui fait l'objet de la fabrication rouennaise, doit être mis au premier rang des similaires qui figurent à l'Exposition : l'exécution des impressions, le résultat des teintures, la pureté des nuances bon teint et vapeur, tout est irréprochable. Les dessins forment type.

La perfection apparaît donc d'une manière manifeste et elle est fortifiée par une faculté précieuse : la rénovation incessante.

Tels sont les mérites qui caractérisent cette spécialité ; mais il existe un côté faible qui comprime toute espèce d'essor ou de développement : c'est le prix de revient du produit. Quelle en est la cause? Nous nous sommes efforcé de la faire saisir ; nous n'y reviendrons pas.

Cependant, afin de bien préciser le point à examiner, nous ferons une dernière observation.

L'indienne est un calicot sur lequel on fait naître des formes de différentes couleurs à l'aide des divers procédés de l'impression. Or, si l'on décompose le produit et que l'on recherche, d'un côté le prix de tissu et de l'autre le prix de l'impression, on reconnaît que ce dernier diffère peu, pour la plupart des genres, de celui réclamé par les fabricants anglais, belges ou suisses. C'est donc du côté du tissu que vient la grande cause d'infériorité, et c'est sur ce point que doivent porter les études. Les termes du problème sont parfaitement indiqués, et nous ne nous dissimulons pas que la solution en est difficile; nous l'avons dit, nous l'étudierons une autre fois.

La rouennerie est soumise à des conditions différentes; l'innombrable variété de ses combinaisons rencontre un avantage marqué dans le tissage à la main qui s'exerce dans nos campagnes. Il est difficile, sous ce rapport, que les Suisses et les Belges puissent réaliser des opérations plus économiques. Cependant le travail mécanique se développe de jour en jour dans cette spécialité; en Angleterre surtout il acquiert des proportions considérables, et nous avons signalé dans la collection suisse de remarquables spécimens qui seraient difficiles à concurrencer à l'aide du tissage à la main. C'est ce que sauront apprécier nos fabricants.

Quant au prix de revient du produit, les inconvénients qui pèsent sur la fabrication de l'indienne, se reproduisent dans la proportion du prix du filé. C'est encore un point vital pour cette branche industrielle, l'une des plus importantes de toute l'industrie du coton en France.

Alphonse CORDIER.

15 juin 1867.

LAINE CARDÉE — DRAPERIE

GROUPE IV. — CLASSE 30. — GALERIE IV.

I

A la fin du siècle dernier, l'industrie des laines cardées en France était signalée par divers rapports et mémoires du temps comme ayant son siége principal en Normandie, et, dans les 40 millions de production qu'elle atteignait en 1790, Elbeuf, Louviers, Darnétal, les Andelys, Vire et Lisieux figuraient déjà pour 23 millions de livres. Le département de la Seine-Inférieure, déjà riche en industries manufacturières, devait avoir encore dans notre siècle le privilége de voir la fabrication des draps se concentrer plus particulièrement dans sa circonscription, et la ville d'Elbeuf, grandissant chaque jour par les ressources de son industrie, devenir un de ses foyers de population les plus importants, et arriver à être de nos jours un des premiers marchés de draperie de l'Europe.

Dès les premières années du Consulat, une ère de prospérité renaissante s'ouvrit pour Elbeuf; la disparition des anciens règlements de Colbert, qui, après avoir relevé l'industrie en la protégeant contre des tendances défectueuses, avaient fini par créer des entraves à la production des nouveaux genres de tissus et à leur écoulement au dehors; la substitution du travail automatique aux manipulations lentes et imparfaites usitées jusque-là dans les diverses opérations, la situation topographique d'Elbeuf, si avantageuse au développement d'une grande industrie, enfin l'esprit entreprenant et travailleur de ses habitants qui se réveillait plus ardent et plus vif après les grandes secousses de la Révolution, toutes ces causes devinrent les éléments d'une activité nouvelle et donnèrent la mesure de ce qu'on devait augurer de l'avenir de cette industrieuse cité.

Les premières machines à carder et à filer introduites en France, vers 1804, furent accueillies avec empressement par les villes d'Elbeuf et de Louviers; car le filage de la laine occupait alors un nombre considérable de bras dans les villes et dans les campagnes, et ces bras, ramenés peu à peu vers l'atelier, vinrent en aide aux autres branches de la fabrication. Quelques années plus tard, l'apparition de la lainerie mécanique, et enfin la tondeuse de John Collier amenèrent une nouvelle économie de temps et d'argent, et furent le point de départ d'un progrès manifeste dans le travail et le fini de l'étoffe.

L'Exposition de 1819, précédée par des concours moins importants, avait montré des draps de fabrication irréprochable. Les qualités étaient bien classées, les nuances brillantes, l'apprêt soigné indiquaient les connaissances judicieuses de la matière première et son emploi intelligent. La production d'Elbeuf atteignait déjà 28 millions de francs.

Différents genres de draperie apparurent peu de temps après simultanément. Les cuirs-laine, les imperméables, qui représentaient les draps forts, les zéphirs et les amazones les draps légers. Le succès de ces tentatives de certaines fabriques à sortir du genre uni et drapé donna naissance, après l'Exposition de 1834, à une foule d'articles inconnus jusqu'alors et qui prirent le nom de nouveautés. Il se fit à partir de ce moment des étoffes plus spécialement destinées les unes au pantalon, les autres à la redingote, au paletot et même au vêtement de femme.

Ce n'est pas seulement par la variété de ses nuances et l'agencement intelligent de ses tissus qu'Elbeuf se recommandait déjà, mais sa supériorité venait aussi de ce qu'on y fabriquait l'étoffe depuis la qualité la plus ordinaire jusqu'à la plus grande finesse.

A la suite des transformations qui s'opérèrent dans le métier à tisser par des applications empruntées du système Jacquard, il devint possible d'exécuter les combinaisons de fils les plus diverses. A côté des draps croisés et unis surgirent des tissus de fantaisie à rayures et à carreaux, des satinés de nuances nouvelles et tendres, des casimirs jaspés et chinés, et même des tartans légers et duveteux pour confections de dames.

Elbeuf manifesta ses progrès à toutes les Expositions nationales qui suivirent, par un concours plus nombreux de fabricants, et son activité industrielle, affirmée chaque fois par un accroissement de production, était portée au moment de l'Exposition de Londres, en 1862, au chiffre de 92 millions. Cette marche ascensionnelle ne s'est arrêtée qu'en 1865, par suite de la crise qui a atteint toutes les villes de fabrique; mais tout fait présumer que la production atteindra en 1867, comme dans l'année 1864, le chiffre de 100 millions.

A l'Exposition de 1867 la draperie d'Elbeuf est représentée, dans la classe 30, par quarante-sept exposants. Il est facile au premier coup d'œil, quand on a parcouru les différentes galeries de lainages foulés, de voir que par la variété des genres exposés, non moins que par le nombre et l'importance des expositions, la fabrique d'Elbeuf domine toutes ses concurrentes. Il n'y a point de genre que notre ville n'exploite : draps noirs, draps de couleur, croisés, satins, édredons, castors, nouveautés de tout prix pour pantalons, jaquettes mélangées de soie et de coton, paletots épais ondulés et frisés, tissus de fantaisie pour dames, draps et satins pour uniformes, administrations et colléges; draps spéciaux pour billards et livrées; toutes ces productions figurent à l'Exposition et méritent de fixer séparément l'attention.

La draperie fine noire, qui comprend les draps lisses, les satins, les élasticotines, etc., doit nous occuper d'abord; elle a droit d'ancienneté. En la passant en revue, on voit ce qu'il a fallu d'efforts pour faire disparaître cette supériorité si longtemps acquise aux villes de Sedan et de Louviers. Elbeuf, en se peuplant de travailleurs ardents et infatigables, a saisi tous les secrets qui avaient longtemps conservé à ses rivales la palme du drap fin. Aujourd'hui, dans ces qualités, la fabrication de nos premiers établissemens n'est plus dépassée. La finesse, le garni de la toile, le toucher doux et soyeux sont des qualités de premier ordre, que l'on signale dans toute draperie caractérisée par l'emploi de belle matière; mais nous ne croyons pas qu'on ait remarqué dans l'Exposition étrangère cette élasticité de tissu, et surtout cet apprêt mat si recherché par nos tailleurs et qui donne à nos draps fins noirs le cachet d'un article de mode.

La draperie de qualité inférieure a été traitée à Elbeuf dans ces dernières années sur une grande échelle; fabriquée avec intelligence, tirant un profit avantageux du mélange des laines de nos contrées, avec des blousses ou des déchets préparés avec soin, elle est parvenue à des limites de prix que les fabriques du Midi ne peuvent plus atteindre. Les draps noirs exposés à la classe 30 et à la classe 91, au prix de 6, 7 et 8 fr., n'auront pas manqué d'attirer l'attention des connaisseurs comme ils nous ont frappé : leur aspect fin, leur souplesse, laissent bien loin en arrière les draps carteux et à grain ouvert qui sont fabriqués à Castres et à Bédarieux.

Sauf Romorantin, qui lutte encore à cause du bon marché de sa main-d'œuvre, c'est Elbeuf seul qui accapare la fabrication des satins bleus et garance pour officiers, des draps forts pour administrations, des draps clairs pour voitures et chemins de fer, ainsi que des draps pour billards. Plus de six expositions ne contiennent que des produits de ce genre, et nous pouvons dire que dans toutes on admire la solidité des nuances, la résistance des tissus et la beauté de l'apprêt; au taux actuel de la main-d'œuvre on s'étonne même du prix auquel ils sont cotés.

C'est surtout à l'inspection de ses nouveautés que la place qu'a prise Elbeuf dans tous les concours s'affirme de plus en plus. Le choix des dessins, l'harmonie des couleurs, un goût auquel tout le monde rend hommage, lui conservent plus que jamais le rang qu'elle a déjà occupé. Les articles pour pantalons se distinguent par un cachet exceptionnel de nouveauté, une fraîcheur de nuances, une variété dans les armures, une délicatesse dans le fond des tissus et dans les accessoires destinés à faire valoir le reste de l'étoffe. Nul ne s'entend mieux que le fabricant d'Elbeuf à mélanger, avec une rare habileté, le coton, la laine et la soie, à façonner le tissu de mille manières, à l'enrichir de filets vifs et de bandes larges ou étroites, à modifier les apprêts qui sont tantôt rasés, tantôt drapés, tantôt duveteux; à calculer enfin quels effets disparaîtront ou viendront à la surface de l'étoffe après l'opération capricieuse du foulage. Tout ce que la mode fait surgir est immédiatement appliqué aux nouveautés d'Elbeuf; car notre fabrique vit de créations nouvelles ou renouvelées, et c'est Paris qui nous donne le ton; mais s'il est vrai que cette proximité nous fournit de précieux matériaux, il ne faut pas moins beaucoup de tact et de discernement pour ne pas faire fausse route. Dans l'article de fantaisie, le succès de la saison tient aussi bien au dessin qu'on adopte qu'au moment choisi pour le faire connaître : il faut toujours prendre l'avance, c'est le meilleur moyen d'empêcher que le secret du dessin ne parvienne à la connaissance des faiseurs de bon marché avant que la campagne soit ouverte.

Nous tirons de notre métier à la main, pourvu, comme il l'est aujourd'hui, d'accessoires précieux, tels qu'une mécanique Jacquard, un grand nombre de lames et de navettes, des facilités surprenantes pour le tissage. C'est pourquoi nos nouveautés, ainsi qu'on peut s'en convaincre à l'Exposition, revêtent les formes les plus hardies et les plus ingénieuses, tandis que nous voyons la simplicité et l'uniformité dominer dans les productions étrangères.

Quant aux nouveautés à bon marché dont l'Exposition offre aussi une intéressante collection, c'est de l'imitation des articles fins qu'elles tirent leur vogue, et c'est par ce moyen qu'elles se répandent abondamment dans la consommation ; fabriquer des étoffes de goût à des prix modérés n'est pas une mince difficulté.

La fabrication des jaquettes et des vêtements complets a pris dans ces derniers temps une grande extension : les effets produits par le mélange de la laine avec l'organsin, le coton ou la laine peignée présentent un tissu flatteur à l'œil, léger et solide, agréable au porter en ce qu'il est moins salissant que le noir. Aussi avons-nous rencontré dans beaucoup de vitrines l'article jaquette, depuis les plus belles qualités jusqu'aux plus communes.

Le pardessus d'hiver est représenté à l'Exposition par quelques édredons, quelques castorines à l'apprêt glacé et soyeux, mais surtout par un assortiment très-complet de tissus veloutés, ondulés et frisés. Ce sont aujourd'hui des articles de quantité qui conviennent à toutes les consommations, et ce sont pourtant des articles de mode. Il faut chaque année en varier les nuances, en modifier l'apprêt, donner à l'endroit ou à l'envers un aspect particulier. Le principal mérite de ces étoffes est d'avoir une grande épaisseur sans avoir beaucoup de poids. Les résultats obtenus à Elbeuf, en ce qui concerne le frisage, le moelleux et le prix de vente des paletots chinchillas, ne sont pas dépassés à l'étranger : à qualité égale les types que nous avons vu ne semblent pas nous laisser en arrière. Au reste, des articles nouveautés venant du dehors, c'est le seul qui ne soit pas encore venu nous faire concurrence sur notre marché français.

Le tissu de laine foulée pour dames a été abordé franchement par notre ville, qui ne veut négliger aucun genre. En s'en emparant, Elbeuf lui a imprimé le cachet de fantaisie et de nouveauté qui caractérise ses autres articles. Les spécimens exposés par sept ou huit fabricants brillent par leur éclat, la fraicheur des nuances, la richesse des matières mélangées. Il y en a qui imitent la fourrure d'une manière parfaite; d'autres plus légers qui paraissent destinés à des sorties de bal. C'est un article de plus qui prend racine dans notre fabrication, et qui a contribué aussi à grossir la production d'Elbeuf.

II

Pour comparer notre industrie française dans son ensemble à la fabrication étrangère, nous ne pouvons passer sous silence les autres expositions de la France, qui, comme nous, ont apporté leurs produits au Champ-de-Mars en 1867 ; nous en parlerons brièvement.

Sedan se signale d'abord par le nombre de ses exposants : ses draps noirs, ses façonnés, ses twines fines mélangées ont une vogue qui tend à se maintenir, et ce n'est pas sans raison. Le soin que les industriels de cette ville mettent à choisir leurs matières, la surveillance qu'ils apportent à tous leurs apprêts, la beauté de leurs retors rasés leur assurent encore pour longtemps une belle place dans notre industrie. Ce qu'on ne peut s'empêcher d'admirer surtout, c'est cette belle fabrication de velours de laine pour confections de dames. On ne rencontre nulle part ces beaux tissus façonnés mélangés de poils de chèvre et de poils d'angora, ces veloutés à poils longs et soyeux, ces frisés de toute sorte, la plupart teints en pièce, et conservant ainsi une vivacité de nuances plus grande encore; ces armures de fantaisie, où la laine et le cachemire alternant leurs effets, donnent une richesse exceptionnelle au tissu.

Sedan n'a presque pas exposé de pantalons; il est vrai que cet article paraît l'avoir un peu abandonné, depuis la dernière Exposition.

Louviers, au contraire, en présente un assortiment très-varié; les genres sont généralement simples, mais de très-bon goût. Il y a aussi de très-bonnes expositions de draperies noire et de couleurs, mais en petit nombre. Plusieurs fabricants se sont livrés avec intelligence à l'imitation des articles anglais, pantalons et tweeds: ils ont très-bien réussi. Une fabrique qui travaille exclusivement ces genres et les tisse mécaniquement, est parvenue à les établir à très-bon marché : c'est la seule qui nous ait paru en mesure de soutenir la concurrence des retors anglais dans les qualités inférieures.

Vire a voulu imiter Sedan: ses principaux industriels se sont livrés à la fabrication des veloutés pour dames, et leurs expositions, qui sont du reste très-remarquables, feraient supposer qu'ils ont abandonné le drap complétement.

Bischwiller présente une variété de draps légers d'une très-belle exécution : c'est un genre de draperie à part, d'un mérite incontestable; car les prix sont bien peu élevés eu égard à la belle qualité de la laine. Si les dames continuent à porter des robes de drap, les étoffes de Bischwiller seront en grande faveur.

Vienne est une localité qui fait des progrès surprenants: elle a essayé de suivre Elbeuf dans la confection des nouveautés, elle s'est adressée à la même clientèle pour recevoir les mêmes inspirations. Ce n'est ni à la finesse du tissu ni à la complication du dessin qu'elle a visé, mais elle s'en est tenue aux motifs les plus appropriés à la consommation générale. Elle a pu exécuter ainsi, avec des matières communes, des imitations qu'elle livre dans des conditions exceptionnelles de bon marché.

L'exposition anglaise, qui compte 135 exposants, brille par la régularité de ses tissus. On ne trouve nulle part des chinés retors d'une netteté aussi parfaite, des moulinés aussi bien façonnés, des noirs et blancs d'une blancheur aussi éclatante. Il est aisé de voir que la filature et le retordage sont l'objet d'un soin particulier, que le fabricant dirige son tissage comme il l'entend, que le tissu bien frappé et bien clos n'a pas souvent besoin du foulon, qui confond les fibres de la laine et détruit parfois les plus beaux effets de jaspé. Il est impossible de ne pas admirer ces belles jaquettes d'Huddersfield rasées, minces, en couleurs unies, ces tissus diagonals parfaitement évidés dont nous n'avons pas de pareils en France. Les tweeds à apprêt brut pour pardessus sont inimitables ; aussi sont-elles répandues à profusion sur tous les marchés.

Si les Anglais sont nos maîtres dans l'exécution, nous devons dire que nous avons été surpris de voir tous leurs pantalons de nuances si uniformes, la plupart de tons jaunâtres et grisâtres dont notre bon goût ne s'arrangerait pas en France ; de rencontrer leurs dessins si peu variés, de ne trouver partout que des rayures et des fonds unis ou sablés, comme si la mode ne demandait pas un peu plus de variété. L'apprêt de leurs tissus ordinaires est raide et cartonneux : le cylindre et peut-être la gomme ne leur ont-ils pas imprimé un lustrage momentané.

Il y a dans l'exposition anglaise abondance de paletots ; mais sauf une ou deux expositions qui présentent des types fins, à laine longue et soyeuse, le plus grand nombre sont des ondulés communs et grossiers qui n'ont de mérite que par l'extrême bas prix auquel on les vend.

En tissus pure laine ou cachemire, il y a peu d'articles

foulés pour dames; les Anglais donnent la préférence aux articles avec chaîne coton et trame poils de chèvre. C'est ainsi qu'ils fabriquent depuis quelques années les selskines et leurs imitations avec tant de succès; ce sont des articles parfaitement connus et dont la nouveauté ne vient aujourd'hui que de la nuance dont ils sont teints.

Economiser sur l'emploi de la matière et sur la façon, en arrivant cependant à livrer au commerce un produit dont l'apparence et la qualité satisfassent exactement à sa destination, telle est l'étude du fabricant anglais. Quand il a atteint ce but, il s'y tient le plus longtemps possible, et s'il poursuit l'amélioration, il la cherche moins dans l'embellissement du tissu que dans la diminution du prix de revient. Il est économe de frais généraux, et l'uniformité presque invariable de ses tissus, la spécialité à laquelle chaque fabricant de nouveautés limite avec intention sa production, lui épargne beaucoup d'essais infructueux en même temps qu'elle lui permet d'arriver à une exécution plus parfaite.

Dans cette immense fabrication du même genre, on sent que le caractère anglais n'est pas mobile comme le nôtre, et surtout que les relations de ce grand pays ont créé à ses manufactures des débouchés certains, où les produits disséminés de tous côtés, par des intermédiaires intelligents, s'imposent à toutes les consommations.

La Belgique, personnifiée à l'Exposition par la ville de Verviers, est peut-être le pays où l'industrie drapière ait donné les résultats les plus brillants et les plus durables. Les grands établissements, puissamment encouragés par le gouvernement, soutenus par l'opinion publique dans les efforts qu'ils se sont imposés, ont ouvert à l'industrie belge une voie bonne à suivre et à imiter. Pourvue d'un outillage parfait, conduite avec intelligence et économie, la fabrique de Verviers travaille en vue des consommations qu'elle connaît. Puisque nous nous sommes imposé de ne citer aucun nom, nous ne parlerons pas de ces maisons que leur ancienneté et leur exposition met tout à fait hors ligne, et dont les produits sont recherchés dans tous les pays. Mais c'est la fabrication intermédiaire qui domine à Verviers : ses draps, ses satins, ses nouveautés de qualités moyennes, s'écoulent à profusion sur les places de l'Italie, du Portugal et de l'Amérique du Nord. Sachant diriger avec soin sa production, au point de vue des genres et des qualités, elle court au-devant de ses rivales sur les marchés du dehors sans les redouter. Son commerce local l'a en cela puissamment aidée, et c'est par son entremise qu'une grande partie des étoffes de nouveautés vont chercher une consommation éloignée. La main-d'œuvre est moins élevée qu'à Elbeuf ; la preuve, c'est que de nombreuses filatures produisent des fils blancs et de couleur assez bon marché pour être exportés en Ecosse et vendus pour l'article de femme et la bonneterie.

L'industrie drapière de la Prusse, au point de vue de l'importance, marche à la tête de l'industrie européenne. Pour les pays d'outre-Rhin, le travail de la laine est une richesse traditionnelle. Les grandes manufactures d'Aix-la-Chapelle, de Duren et de Montjoie n'ont fait que s'augmenter et se pourvoir des excellents outils que construit l'Allemagne aujourd'hui. Aussi les produits qui sortent de ces fabriques jouissent-ils d'une excellente réputation. On ne peut rien voir de mieux traité, de plus fini que certains draps noirs et satins d'Aix-la-Chapelle, ainsi que beaucoup de paletots, d'édredons, de castorines, de moscoviennes. Toutes ces étoffes portent l'empreinte d'une fabrication de premier ordre.

Si les paletots abondent, les nouveautés fines pour pantalons sont peu nombreuses et peu remarquables. Rien de nouveau dans le dessin, rien dans la mode, rien qui caractérise un pays ; les genres sont trop modestes et sans ornements. Nous avions vu dans les Expositions antérieures des types meilleurs de nouveautés fines. On dit qu'en Prusse la loi garantit la marque du fabricant : il peut donc s'assurer facilement la propriété d'un dessin de son invention. Pourquoi donc les fabricants prussiens ne créent-ils pas des articles à eux, dont ils conserveront une propriété exclusive, au lieu de s'emparer de nos échantillons français et de les reproduire textuellement ?

Après la Prusse rhénane, ce sont les villes de Forts et de Gœrlitz qui ont envoyé le plus d'exposants pour les nouveautés communes et les draps noirs.

La Saxe occupe une place importante en Allemagne, à cause de sa fabrication de draps noirs, qui atteint un chiffre considérable. Cette industrie n'est plus, comme il y a une vingtaine d'années, dans les mains de petits artisans qui souvent récoltaient eux-mêmes leur laine, la filaient et la tissaient pour porter ensuite aux foires de Leipzig ou de Francfort les quelques pièces qu'ils fabriquaient ; elle est traitée aujourd'hui par de grands industriels dont la fortune s'est faite et se continue grâce au bas prix exceptionnel de la main-d'œuvre. Les draps noirs de la Saxe pénètrent partout à cause de leur bon marché ; il est heureux qu'en France on donne la préférence aux articles de fantaisie dans la consommation générale, et qu'on arrête les draps de Saxe à la frontière par quelques droits protecteurs.

L'Autriche est dans une excellente situation au point de vue de son écoulement comme de sa production. Elle dessert les besoins de son vaste territoire et elle alimente en plus les marchés de l'Orient. Par le Nord elle est en communication avec Hambourg et Leipzig, par l'Est et le Midi elle tient à la Russie et aux Echelles du Levant, où elle s'est ouvert des débouchés depuis longtemps.

C'est à Brünn, en Moravie, qu'est concentrée la fabrication des lainages. En examinant les produits exposés on juge de suite que le marché des laines fines n'est pas loin. Les draps minces comme les étoffes les plus épaisses sont en laine magnifique, et quant à ces dernières, elles sont telles qu'on ne tenterait pas d'en produire de pareilles en France à cause de leur prix de revient.

La fabrication des draps unis et croisés est fort bien traitée : celle des paletots est remarquable. La beauté des apprêts, le toucher moelleux et l'application de certains envers en matière différente de celle de l'endroit ont attiré notre attention. Les pantalons sont moins nombreux : le goût français y domine ; on y voit des bandes et des rayures en rapport avec nos dispositions d'Elbeuf. Dans les tissus d'été, la filature est excellente ; les effets de retors sont d'une netteté qui ne laisse rien à désirer. Dans les qualités courantes les dessins sont mauvais, de même que, dans les articles pour dames, les étoffes ne brillent que par la beauté de la matière. L'article jaquette est complétement négligé : on voit que le vêtement noir l'emporte encore en Allemagne pour la redingote. La teinture en pièce doit être très-soignée à Brünn, car tout le monde a pu admirer une exposition de draps pour l'armée d'une richesse de nuances inimitables. Les blancs, les orange, les jonquille étaient d'une pureté difficile à obtenir.

Les expositions de la Suède, de la Russie, de l'Italie et des Etats-Unis ne peuvent rien nous apprendre, sinon que l'industrie se développe dans ces contrées-là de plus en plus : qu'elle se constitue dans des établissements considérables et pourvus de grands moyens d'action, et que, dans quelques années, nous aurons encore de nouveaux rivaux à redouter.

III

Outre la capacité et l'habileté dans la fabrication, qui seules permettent à l'industriel d'accomplir son œuvre d'une manière satisfaisante, on reconnaît aujourd'hui que le capital, en se convertissant en outils, machines et ustensiles de tout genre, exerce une influence puissante sur les causes de succès dans l'industrie, et concourt au développement de la richesse sociale. L'invention des machines nouvelles, fruit de longues et pénibles recherches, est la base d'un progrès incontestable, puisqu'elle a pour effet, soit de soulager l'ouvrier dans les efforts pénibles du travail manuel, soit, au point de vue de la production, de faire naître l'abondance et le bas prix des objets fabriqués et de répandre ainsi le bien-être dans toutes les classes.

L'Exposition de 1867 offre la preuve du développement toujours croissant des perfectionnements réalisés en vue du travail de la laine cardée. Si nous n'avons pas à signaler l'apparition de machines ou de procédés complétement nouveaux, opérant une révolution dans l'industrie, nous ne devons en accuser que les temps qui nous ont précédé, auxquels nous sommes redevables des ingénieux outils que nous utilisons.

Nous allons indiquer les systèmes et les améliorations qui nous ont le plus frappé, en suivant l'ordre des opérations de notre industrie :

1° Un des progrès notables qu'a faits l'industrie d'Elbeuf depuis l'Exposition dernière est la transformation du dégraissage et du lavage à la main en moyens automatiques. Tous nos teinturiers pratiquent aujourd'hui ces opérations mécaniquement, sans toutefois se servir des mêmes ustensiles. Parmi ceux qui sont exposés nous avons remarqué, d'abord :

La laveuse à palettes articulées, à mouvement circulaire continu, de Chaudet et Thuillier. Cette machine est trop connue pour que nous en fassions la description, mais les avantages qu'elle présente en vue d'une installation dans un cours d'eau, la disposition du panier, qui permet de mettre la laine en contact avec de l'eau constamment renouvelée, et l'importance de sa production nous font un devoir de la mentionner.

La machine à tremper, désuinter et rincer la laine de

Houget et Teston, qui est composée de trois bacs en tôle à double fond : le premier bac reçoit la laine pour être humectée et débarrassée d'une partie de ses impuretés ; dans le second s'opère le désuintage, qui détache la matière grasse de la laine au moyen de son bain alcalisé, et dans le troisième se complète l'opération au moyen d'un battage de la laine dans un courant d'eau claire. Entre chaque bac se trouve un appareil comprimeur qui essore la laine, rejette le liquide et fournit la laine essorée à l'appareil suivant. Les râteaux disposés avec soin dans les cuves conduisent la laine d'une opération à l'autre et économisent beaucoup de main-d'œuvre.

Le dégraissage à superposition de Pierrard-Parpaite, de Reims, est construit pour arriver au même résultat : la disposition des bassins permet qu'ils se vident l'un dans l'autre. Par cette continuité dans le transport des eaux et dans celui de la laine, on obtient, au dire de l'inventeur, un dégraissage parfait et surtout plus régulier qu'avec les autres systèmes.

Enfin signalons encore la machine à laver avec fourche automate, de John Petrie, de Rochdale. Elle se compose d'une grande cuve en cuivre munie d'un appareil d'alimentation, d'un rouleau immerseur, de râteaux fixes et mobiles, d'une fourche automate. A l'extrémité est un appareil retireur et des cylindres pour exprimer l'eau de dedans la laine. Cette machine est de construction très-soignée, mais nous croyons que, pour en tirer un parti avantageux, il faudrait en accoupler deux ou trois à la suite l'une de l'autre, de manière à ce que la laine soit plongée dans un bain différent, ce qui rendrait l'opération coûteuse.

2° Nous avons remarqué deux bons systèmes d'hydro-extracteurs : celui de Buffaud frères, de Lyon, à friction et débrayage instantané, et celui de Houget et Teston. Les deux systèmes sont à panier circulaire, mis en mouvement par un arbre vertical muni d'un cône recevant son activité par le frottement d'une poulie-disque, la vitesse est transmise progressivement et par un frottement très-doux. On obtient avec l'une et l'autre machine une marche sans bruit et la disparition de tout danger.

3° L'échardonnage des laines de Buenos-Ayres et de Monte-Video est devenu pour notre place une opération si importante que nous ne sommes pas étonnés que plusieurs constructeurs aient exposé des machines à nettoyer la laine. Toutes ces machines sont connues et peuvent être recommandées : il convient seulement de les choisir suivant le genre de laine qu'on veut traiter et selon la production qu'on en attend. Celles de Houget et Teston donnent d'excellents résultats pour les laines les plus mauvaises; l'égratteronnage est si parfait, qu'on peut s'en servir pour épurer les déchets d'échardonneuse. Leur construction est simple et solide, et les divers organes sont convenablement placés pour le nettoyage de la machine. On y ajoute, si l'on veut, un distributeur automatique qui supprime le ploctage à la main. Cet appareil, par son application, fait réaliser une économie de main-d'œuvre tout en permettant de régler la quantité de travail à fournir en marche régulière.

Les échardonneuses de M. Mercier de Louviers et celle de M. Malteau nous ont paru également très-bien construites : elles produisent, dit-on, davantage. Nous n'avons pas été à même d'apprécier si le travail est aussi parfait.

4° Des améliorations importantes ont été introduites dans les ustensiles de la filature : tâchons d'en tirer profit.

Le brisoir est devenu, dans les mains de Houget et Teston et de Célestin Martin, de Verviers, une machine complète faisant à la fois plusieurs opérations : il se compose d'un distributeur mécanique auquel est adapté un appareil huileur qui fournit régulièrement à la laine le liquide ensimeur, d'un loup qui ouvre la laine et la projette dans un espace réservé, enfin d'un appareil disposé pour recevoir une toile d'une grande longueur où s'étend la nappe de laine qui s'enroule d'une façon régulière et peut être transportée ainsi devant la carde. Avec ce matelas de laine disposé à l'avance, on peut économiser la main-d'œuvre de la première carde.

5° Les métiers à carder la laine qui nous ont le plus frappé sont les assortiments exposés par Mercier, de Louviers, Houget et Teston et Célestin Martin.

Les machines de M. Mercier peuplent nos filatures : nous n'avons pas à en faire valoir le mérite ; elles sont connues et appréciées de nous tous.

L'assortiment exposé par Houget et Teston a ses tambours, ses peigneurs et ses travailleurs en fer avec fonds polis : les fonds du tambour sont à douilles formant embases. Cet assortiment, comme celui de Mercier, est muni de l'appareil d'alimentation continue du système anglais. Ceux de nos filateurs publics, qui travaillent pour la draperie et ont par cela même de fortes parties de laine de la même couleur à carder, devraient étudier sérieusement l'emploi de cet appareil, qui donne une notable économie.

Les cardes de Célestin Martin sont d'un fini remarquable : on est tenté de se demander si ce ne sont pas des machines d'Exposition. Quoi qu'il en soit, elles paraissent parfaitement entendues. Le système de bobines où s'enroule le ruban qui sort de la carde pour être reporté devant la carde suivante, nous a paru très-ingénieux et il mérite un examen attentif de la part des connaisseurs.

6° Depuis l'Exposition de 1862 la question des métiers à filer a fait un grand pas : il est évident que le métier mull-jenny simple doit être délaissé aujourd'hui comme incomplet, et qu'il doit être remplacé soit par le métier renvideur, soit par le métier continu. Le métier continu, système Vimont, est caractérisé par la simultanéité des trois fonctions de la filature : de l'étirage, de la torsion et de l'envidage. Le fil ne flotte pas comme sur le mull-jenny et n'est pas abandonné à lui-même sur une longueur considérable, représentée par l'étendue de l'aiguillée. Malgré le mérite incontesté de son système, les avantages qu'il offre au point de vue de la solidité et de la régularité du fil, ce métier est presque inconnu dans nos filatures ; son prix élevé doit en être le principal obstacle. On nous assure qu'aujourd'hui il est également bien construit pour produire la trame comme la chaîne, ce qu'on lui avait contesté, et que son prix est diminué d'un quart.

Les renvideurs self-acting sont nombreux à l'Exposition : le problème du bon fonctionnement est maintenant résolu en ce qui les concerne, malgré les résistances qu'ils avaient rencontré dans le début : car si l'opération du filage est identique avec celle du mull-jenny ordinaire, les conditions pratiques en sont modifiées par le degré de résistance de la laine. M. Mercier expose un métier de 375 broches, Flécheux-Lainé, de Rouen ; un métier de 300 broches, Platt frères et Ce, d'Oldham (Angleterre), un de 150 broches. Ces métiers varient plus dans les détails de leur construction que dans le principe de leur mécanisme. Dans les trois systèmes, la livraison du fil est lente au départ du chariot ; puis le mouvement des broches s'accélère à volonté et en raison de la résistance de la matière, et, à la fin de la course, se donne la torsion pendant que le chariot revient vers le métier. Une des conditions les plus désirables à notre avis, c'est qu'au moment de la livraison, le mouvement soit doux, et c'est ce que nous avons observé, surtout dans le métier anglais et le métier Flécheux.

7° L'opération du retordage intéresse trop notre fabrique de nouveautés pour que nous ne signalions pas les métiers continus à retordre ainsi que la machine à doubler les fils de Ryo-Catteau, de Roubaix. La première reçoit les fils en fusées, les double et les rend tout retors, à l'imitation du métier continu anglais de John Sykes ; elle peut être employée avantageusement pour les fils d'égales grosseurs et de moyenne torsion ; l'autre est simplement destinée à doubler les fils, surtout ceux de grosseur inégale comme un brin de soie et un brin de laine. En recueillant le produit de cette machine pour le faire retordre ensuite sur le mull-jenny ou le continu, on obtient évidemment un retors beaucoup mieux traité et plus économiquement travaillé qu'avec le doublage à la main, qui doit disparaître de nos opérations.

8° Abordons maintenant le tissage mécanique. Dans la section française, MM. Mercier, de Louviers ; Lacroix, de Rouen ; Stehelin, de Bischwiller, ont apporté différents métiers de divers systèmes.

Leurs métiers à drap et à satins, fonctionnant avec des jeux de lames fixes et à une seule navette sont connus depuis longtemps. Leur construction a été insensiblement perfectionnée et mise complétement en rapport avec les besoins de la fabrication ; ils sont du reste utilisés les uns ou les autres dans nos grandes manufactures de draps unis.

Quant aux métiers pour nouveautés de ces mêmes constructeurs, nous les trouvons tous incomplets ou insuffisants. Le mérite du métier automatique est de réaliser toutes les améliorations obtenues sur le métier à la main. Du moment où tous les organes ne se prêtent pas aux mille combinaisons du montage actuel de nos nouveautés, nous ne sommes pas disposés à nous y attacher. Nombre de lames, cartons, mécanique Jacquard, navettes, il faut n'être arrêté dans la confection du tissu par aucun obstacle matériel.

Les ustensiles de tissage exposés à l'étranger nous laissent en arrière. En première ligne, mentionnons les métiers de Louis Schönherr, de Chemnitz ; rien de plus complet, de plus fini, à mouvements plus doux que son métier à 4 marches. Le battant, les excentriques et tous les engrenages fonctionnent avec tant de moelleux, que les fils de la chaîne ne reçoivent aucune secousse ; nous ne sommes pas surpris de la vogue qui a accueilli ce métier dans toute l'Allemagne. Le métier à 2 navettes et à 12 marches est d'une bonne construction ; mais, n'ayant pas de mécanique Jacquard, il n'a pas d'intérêt pour Elbeuf.

Vient ensuite le métier de nouveautés de W. Smith et frères, de Heywood. Ce métier porte 24 lames et 6 boîtes. De tous les métiers anglais exposés, c'est celui qui nous paraît le plus propre à rendre des services dans notre localité. Sa marche n'est pas douce comme celle du métier saxon : c'est un défaut que nous reprochons généralement aux métiers anglais. Ils sont surtout construits pour donner beaucoup de coups à la minute et pour porter des chaînes en fils retors. Au reste, le métier de W. Smith, comme celui de C. Parker et fils, de Dundee, et celui de Platt frères, d'Oldham, sont d'une construction très-solide, et tout l'agencement présente une résistance qui doit garantir contre les accidents de la marche. Nous ne savons pas pourquoi dans les trois systèmes, on a placé la mécanique armure sur le côté : il y aurait peut-être plus d'inconvénients que d'avantages à ce déplacement si on appliquait ces métiers à la confection de nos dessins de pantalons.

Un métier à tisser, très-séduisant au premier abord, est le métier américain de G. Crompton, de Worcester. Il porte 24 lames, et son battant a 8 boîtes. Le nombre de lames ne varie pas sur le métier : quand on veut en supprimer quelques-unes, on se contente d'en arrêter la marche, ce qui n'empêche pas les autres de fonctionner régulièrement. Les cartons sont remplacés par un appareil de jeux de galets mobiles qui peuvent être changés de place à volonté, suivant le dessin ; cet appareil est placé sur le côté. La marche du métier est accélérée, et l'étoffe paraît se faire convenablement ; mais la grosseur du tissu, la simplicité du dessin, le choix d'un article courant tendent à faciliter le travail. En un mot, le système est ingénieux, doit faire naître de bonnes idées, mais nous semble moins pratique que ce que nous avons observé dans les métiers anglais. Un point de la construction qui laisse à désirer dans tous ces métiers, c'est que le mouvement des boîtes du battant est indépendant des cartons : c'est selon nous un grand inconvénient. C'est une des raisons pour lesquelles nous regrettons que le métier Alavoine, déjà connu dans notre ville, n'ait pas été exposé, puisqu'il a surmonté cette difficulté.

Après l'inspection que nous avons faite des nouveautés de l'Exposition, nous n'avons pas de peine à croire que la plupart des produits anglais soient tissés mécaniquement ; l'uniformité de leurs dispositions, le soin avec lequel ils s'éloignent des difficultés de fabrication, la préférence qu'ils donnent aux effets de dessin produits par la filature, et le moulinage à ceux produits par le tissage, leur fournissent le moyen de tirer bon parti d'ustensiles avec lesquels ils arrivent à une plus grande production.

9° Il nous reste à signaler les machines d'apprêt. La lainerie double la plus remarquable nous a paru être celle de Thomas, de Berlin. Les dispositions de cette machine permettent de faire toucher l'étoffe à deux parties de chaque tambour, garni de chardons. L'avantage de ces laineries, dont la draperie tire déjà en France et à l'étranger un excellent profit, est d'accélérer le travail, d'obtenir en même temps un lainage à poil et à contrepoil, ou bien un lainage d'endroit et d'envers.

Les laineries de Moser, d'Aix-la-Chapelle, et de Houget et Teston sont construites d'après les mêmes principes et doivent donner les mêmes résultats.

10° Thomas, de Berlin, expose encore une tondeuse longitudinale à deux cylindres, et une ratineuse : ces machines sont nouvelles et inconnues en France ; il faudrait avoir pu les voir fonctionner pour bien en apprécier le mérite.

La tondeuse de Schneider et Legrand, de Sedan, à un seul cylindre, nous a paru un outil parfaitement soigné ; il représente au reste le système généralement adopté par toute notre fabrication. C'est pourquoi nous le signalons en terminant.

IV

Nous n'attachons qu'une médiocre importance à rechercher à qui doit rester la victoire dans ce grand et pacifique concours; ce que nous tenons à mettre en relief, ce sont les utiles enseignements qui ressortent de ce mutuel rapprochement. Si nos rivaux sont de puissants athlètes, cherchons le secret de ce qui fait leur force, et sachons nous garantir des écueils dans lesquels ils ont pu tomber.

De l'examen de l'Exposition il ressort que presque tous les pays de l'Europe fabriquent aujourd'hui la draperie sur une échelle plus ou moins étendue, que les moyens et les procédés employés dans les diverses contrées sont à peu près identiques : il ne reste de différence réelle entre les produits que dans le prix de revient, dans la délicatesse de l'exécution, dans la part donnée à la mode et au bon goût dans les étoffes de fantaisie. Chaque pays approprie ses produits à la nature de ses provenances, à la diversité de ses habitudes et de sa consommation, aux exigences de ses exportations.

Entre les grands pays de production la comparaison peut s'établir : aux uns appartient la palme du goût, aux autres celle de la perfection du travail ou celle encore du bon marché. Aussi croyons-nous qu'il est juste de placer sur la même ligne, la France, l'Angleterre, la Belgique, la Prusse et l'Autriche, et de leur attribuer un mérite égal, quoique à des titres différents.

La France présente dans sa draperie des spécimens d'une excellente réussite, et dans ses nouveautés un assortiment tel qu'il n'en existe dans aucune autre exposition ; mais elle n'a pas sous la main le marché des laines fines d'Autriche, le prix de sa main-d'œuvre n'est pas en rapport avec les prix payés en Saxe et en Silésie; ses charbons ne lui parviennent qu'à un prix quintuple de celui payé par les Belges et les Anglais ; on peut se demander si, sur les marchés étrangers, son drap uni l'emportera ? Quant aux étoffes de fantaisie, s'il est vrai que la France donne à sa fabrication un cachet exceptionnel de nouveauté, il faut, pour en arriver là, varier sans cesse, s'attacher de préférence aux articles qui empruntent leur succès principal au sentiment de l'art et à l'adresse de l'ouvrier. Ces conditions sont onéreuses, et, quand elles sont remplies, le produit peut trouver dans notre consommation intérieure un écoulement rémunérateur des frais dont il est grevé ; car, dans toutes les classes de notre population, la préférence est le plus souvent acquise au produit qui flatte l'œil par sa nouveauté ; mais il ne faut pas espérer trouver la même faveur sur toutes les places du dehors. Jusqu'ici nos nouveautés n'ont pu y pénétrer que comme articles d'exception : elles y arrivent surchargées de frais qui en rendent l'écoulement possible uniquement dans les classes riches. A ce point de vue, il y a pour nous de réelles difficultés à entrer en lutte hors de nos frontières avec ces marchandises courantes, si généralement adoptées, que produisent en abondance l'Angleterre et la Belgique, et qui séduisent tant par leur bon marché.

Le mouvement d'expansion qui caractérise l'industrie drapière de l'étranger vient surtout de l'importance de ses établissements, de la base solide sur laquelle ils sont fondés, des associations puissantes en vertu desquelles les capitaux, venant à s'agglomérer, fournissent les moyens de suivre tous les progrès de l'outillage, de tenter les affaires lointaines et de pousser à une grande production. Mais tout en produisant beaucoup les fabriques du dehors ont une tendance à se maintenir dans le même genre de tissus et d'articles, à spécialiser leur fabrication. C'est le meilleur moyen pour elles d'arriver à bien faire et à faire à bon compte. Les outils de cette manière sont constamment livrés au même genre de travail; leur marche est plus régulière, plus productive, et ils se détériorent moins vite. Les cardes et les filatures, qui sont si souvent dans notre pays mises à contribution avec la même garniture de ruban, les mêmes pignons et la même poulie de commande pour œuvrer des laines de nature et de couleurs complétement différentes, des numéros de grosseur variant de plus de moitié, sont, à l'étranger, disposées en vue du travail spécial dans lequel elles doivent être maintenues. Il y a là un progrès que nos filateurs devraient tenter de réaliser. Nos apprêts ne gagneraient-ils pas aussi en perfection, si nos laineries et nos tondeuses se livraient avec moins d'interruption au traitement du même genre de tissus?

Imitons encore l'étranger dans le soin qu'il prend à conserver dans son industrie cette stabilité qui produirait aussi chez nous les meilleurs résultats; car c'est elle qui, en établissant de continuels rapports entre les mêmes patrons et les mêmes ouvriers, garantit une bonne exécution dans le travail, et empêche les fluctuations du prix de la main-d'œuvre.

Il faudrait pour cela faire entrer dans notre fabrication une portion plus notable de produits qui puisse se faire en tout temps et en toute saison. Loin de nous cependant la pensée de faire délaisser ces articles que fait naître la mode et qui font encore le prestige d'Elbeuf; mais pour nous rapprocher des produits étrangers et du prix auquel ils se vendent, il faut vulgariser davantage l'emploi des nôtres, et pour cela diminuer la variété des genres, circonscrire le cercle des dessins, profiter plus largement de ceux qu'on a eu la peine de créer, de façon à diminuer les frais généraux et le prix de revient.

Enfin ce que notre industrie doit appeler de tous ses vœux, c'est de voir s'augmenter le nombre des négociants exportateurs, qui, familiarisés avec les usages et les besoins des pays éloignés, puissent donner à nos manufactures des directions utiles, se charger du placement de nos produits, faire apprécier leur mérite, en trouver un placement facile. Cette classe d'intermédiaires est largement établie en Angleterre : c'est grâce à ses connaissances, à son expérience et à ses capitaux, qu'elle a conquis le monopole presque entier de beaucoup de marchés. Il y a dans notre organisation commerciale, à cet égard, une lacune à combler, aujourd'hui surtout que nous ouvrons nos portes à la fabrication étrangère ; et sous peine de déchoir, il faut nécessairement que nous trouvions un écoulement à la surabondance de nos produits.

Ce résultat peut se faire attendre encore par la difficulté que notre commerce a toujours rencontrée pour se faire représenter à l'étranger par des agents français. C'est pourquoi, dans l'intérêt de notre fabrique d'Elbeuf, et pour qu'elle puisse conserver encore la belle situation qu'elle occupe, souhaitons-nous, en terminant, qu'elle conserve le plus longtemps possible le marché français, qu'elle le défende vigoureusement contre l'envahissement de la production étrangère, jusqu'au jour enfin où, après avoir profité des leçons de l'expérience, elle aura atteint les dernières limites de la perfection, et où elle verra ses exportations acquérir une importance en rapport avec son génie industriel et son activité.

Louis Flavigny.

Elbeuf, 20 Juin 1867.

[illegible]

[illegible]

[illegible]

[illegible]

CHIMIE INDUSTRIELLE ET AGRICOLE

GROUPE V. — CLASSES 43-44. — GALERIE V.

I

Le comité de l'Exposition de la Seine-Inférieure a bien voulu me confier la mission de faire un rapport sur la chimie agricole et industrielle à l'Exposition universelle. Avant d'entrer en matière et de signaler quelques-unes des mille merveilles enfantées par la chimie, merveilles qui, dans aucune Exposition, n'ont brillé avec autant d'éclat qu'au Palais du Champ-de-Mars, qu'il me soit permis, comme simple préambule, de donner quelques conseils à la jeune génération qui sort des bancs des écoles, aux jeunes gens surtout à la recherche d'une position sociale.

S'il est un fait vrai, c'est que toutes les carrières sont encombrées. Aujourd'hui, pour arriver à une position quelconque, il faut de fortes études, des luttes énergiques, des concours, et quand les succès ont couronné les efforts, l'élu obtient une position tranquille, honorable, mais qui très-rarement mène à la fortune, et a surtout ce grand inconvénient de donner à l'homme intelligent un travail trop uniforme.

Mais, à côté de ces positions, qui ne s'acquièrent trop

souvent qu'à prix d'immenses sacrifices, il en est une qui, je le dis par expérience, procure les plus douces satisfactions, occupe agréablement tous les moments de la vie et conduit, sans beaucoup d'efforts, l'homme intelligent à un avenir assuré et indépendant, c'est la chimie appliquée à l'industrie et à l'agriculture.

Aujourd'hui que le libre échange fait à l'industrie et à l'agriculture une rude concurrence, il faut d'une manière absolue modifier toutes les fabrications, il faut principalement tirer tout le parti possible de la matière première et rechercher des produits nouveaux, bon marché, pour remplacer les similaires d'un prix trop élevé. La chimie seule peut résoudre le problème, parce qu'elle seule a puissance de modifier les éléments et de les grouper suivant les désirs de la mode et les besoins de l'industrie.

Depuis quatre ans surtout, l'énergie, la précision, la sûreté de la chimie dans ses recherches, sont devenus telles, que désormais rien pour elle n'est impossible, et si jusqu'à ce jour elle a pu conduire à son gré la matière minérale, aujourd'hui elle est maîtresse absolue de transformer la matière organique, de grouper ses éléments à sa volonté, et, comme exemple frappant, je ne citerai que les couleurs dérivées de la benzine. Dans plusieurs mémoires présentés à l'Institut en 1867, par M. Berthelot, il a démontré d'une manière décisive qu'à l'aide de la chaleur et d'un agent chimique, l'acide iodhydrique, on pouvait modifier la matière organique d'une manière indéfinie, ce qui veut dire, en langage industriel, que dans un avenir très-prochain on fabriquera, artificiellement, du sucre de canne, de l'alcool, des acides végétaux, les matières colorantes de la garance et de tous les bois de teinture, etc., etc., et ce travail est réservé à la nouvelle génération de chimistes, celle à laquelle je m'adresse.

En considérant l'immense intérêt qui s'attache à la chimie, à cause des services qu'elle a rendus et qu'elle doit rendre à l'industrie et à l'agriculture, on a droit de s'étonner que si peu de personnes se livrent à cette science indispensable. Ceci tient à ce que l'on dit généralement que la chimie est une science dont l'étude est longue et difficile, c'est là ce qui épouvante les jeunes gens. C'est une grave erreur. Lorsque la chimie pratique est bien enseignée, l'intérêt de l'élève intelligent grandit à chaque instant et, malgré lui, il se trouve entraîné à comprendre rapidement toutes les lois et les phénomènes de la chimie. Que les jeunes gens se rassurent : avec le désir d'apprendre on peut devenir bon chimiste en très-peu de temps, et aujourd'hui un bon chimiste trouvera toujours une position assurée. Non certainement la chimie n'est pas une science abstraite ; jusqu'à ce jour elle a été l'apanage de trop peu de monde, il est temps qu'elle devienne populaire.

Pour la jeunesse qui veut s'instruire, je considère l'exposition de chimie de 1867 comme le livre le plus splendide, le plus éloquent, le plus instructif. Toutes les découvertes nouvelles, de métaux, de produits, faites depuis quelques années, sont indiquées, disséminées, dans des mémoires, des traités, des brochures ; les propriétés des corps sont trop souvent décrites d'une manière différente. — Au Champ-de-Mars, tout est réuni dans un ensemble parfait ; là vous pouvez lire, comparer, étudier et transcrire sur votre carnet la forme, la cristallisation, enfin les propriétés physiques des corps simples, qu'en raison de leur rareté vous n'avez pu rencontrer ni dans les laboratoires ni dans les cours. Ces observations s'adressent surtout aux expositions suivantes :

Bore et silicium cristallisés, manganèse, glucinium, de M. Menier, de Paris ;

Thallium et ses sels, de M. Lamy, professeur à l'Ecole centrale ;

Le sélénium, exposition de Prusse, n° 73 ;

Le palladium, l'yttrium, l'erbium, le didyme, le thorium,

cœsium, niobium, exposition de Prusse, nº 71, de la maison Tromsdorff, d'Erfurth ;

Cobalt et nickel, de la maison Evans et Askin, de Birmingham ;

Palladium, iridium, rhodium, osmium, ruthénium, tellure, titane, de Johnson Mattey et Ce, de Londres, qui, dans leurs splendides vitrines, ont réuni tout ce qui concerne l'industrie du platine et de l'or.

Ces exemples, que je pourrais multiplier à l'infini, démontrent qu'il y a à l'Exposition, au point de vue scientifique, des éléments d'études qui ne se rencontrent dans aucun traité.

Je ne puis donc trop le répéter : à celui qui demande une position, du travail, de l'honneur, de la fortune, il n'est aucune science qui puisse mieux servir ses désirs que la chimie appliquée. Elle offre de la matière sous toutes les formes et à l'infini, l'ouvrier n'a qu'à choisir celle qui lui convient pour la façonner à son gré.

Il faut bien se pénétrer de cette vérité absolue, c'est que la chimie est partout : on la rencontre dans les phénomènes de la vie, la nourriture, le vêtement, la végétation, le sol, l'air, etc., etc. ; rien ne peut se faire sans elle, et, ce qu'il y a de plus admirable, c'est que dans les études et les recherches qui ont cette science pour base, on éprouve cette double satisfaction, de pouvoir tirer d'une découverte deux parties : le côté scientifique, c'est la jouissance morale ; le côté pratique, c'est le point de vue financier.

L'exposé très-sommaire qui va suivre ne pourra donner qu'une idée bien imparfaite de l'importance du progrès accompli par la chimie, progrès qui ont tous un spécimen à l'Exposition. Mais il démontrera que le travail du chimiste est on ne peut plus varié, et que dans cette science, il y a encore une multitude de sentiers nouveaux à parcourir et à exploiter.

PHYSIQUE APPLIQUÉE A L'INDUSTRIE.

Pistons sans frottement appliqués à la machine pneumatique.

Dans les pompes, machines à vapeur, machines pneumatiques, la principale cause de dépense, d'usure, de perte de force, c'est le frottement du piston dans le cylindre, et le frottement de la tige du piston dans le stuffing-box. On avait pensé jusqu'alors que, pour rendre indépendantes les deux chambres d'un corps de pompe, qui supporte, pendant le travail, des pressions très-différentes, il fallait un piston énergiquement appliqué sur les parois, il fallait également, pour mettre obstacle à la sortie de la vapeur, faire glisser la tige dans une boîte à étoupes très-serrée. Le système actuel exige des ressorts à boudins très-énergiques et des graissages multipliés.

La machine pneumatique de M. Deleuil démontre que toutes ces précautions sont inutiles et qu'une pompe peut marcher avec un piston libre, à la condition que la couche d'air ou d'eau comprise entre le piston et le corps de pompe aura une épaisseur capillaire, soit environ 1/20e de millimètre.

Ce fait paraît paradoxal au premier abord : cependant il n'est que la conséquence de la propriété découverte par Pascal, qui avait constaté que les liquides et les gaz éprouvent une très-grande difficulté à se mouvoir, à se déplacer dans des espaces capillaires.

C'est en s'emparant du principe de Pascal, en étudiant la machine à vapeur d'Isoard, machine dont le piston de faible épaisseur, à double effet, fonctionnait à grande vitesse dans un cylindre sans en toucher les parois, que M. Deleuil est arrivé à construire sa nouvelle machine pneumatique.

Cette machine est montée dans les conditions suivantes : le piston a en longueur deux fois le diamètre du corps de pompe, il est garni de rainures dans toute sa hauteur. La distance capillaire entre le piston et le corps de pompe est de 1/20e de millimètre. En faisant manœuvrer cet instrument avec lenteur, on obtient à volonté ou le vide à 1 millimètre, ou une pression de 5 atmosphères et plus.

Ce qu'il y a de remarquable, c'est que la couche d'air capillaire n'est que faiblement influencée par la pression ou le vide qui existe au-dessus et au-dessous du piston ; elle fait, pour ainsi dire, corps avec le piston qu'elle suit dans sa marche ascendante et descendante. Pour démontrer ce fait, M. Deleuil a disposé, sur un de ses appareils, à l'Exposition, l'expérience suivante : Il a creusé un canal dans la tige du piston, ce canal vient s'ouvrir au centre du piston lui-même dans la couche d'air capillaire ; un manomètre, appliqué sur ce canal, indique toujours une pression de 7 à 8 centimètres, tandis que le manomètre, communiquant à la machine, donne 1 millimètre de vide ou 5 atmosphères de pression. Si, dans cette condition, on abandonne la machine à elle-même, l'équilibre de pression entre la couche capillaire et la chambre de la machine ne se rétablit qu'avec une extrême lenteur.

Grâce à M. Deleuil, voilà donc ce fait important bien démontré, entré dans la pratique, qu'on peut faire agir des pistons libres dans des corps de pompe, à la condition de donner une épaisseur capillaire au matelas d'air compris entre la paroi et le piston. Pour rendre cette couche d'air plus adhérente et moins facile à déplacer, le piston est muni de rainures circulaires. Cette propriété a certainement une grande importance au point de vue de la machine pneumatique, qui, plus facile à manœuvrer, va devenir un instrument très-utile comme agent de pression dans une foule d'industries, surtout dans la soufflerie du verre.

Mais l'idée de M. Deleuil a une plus haute portée encore, puisqu'elle pourra s'appliquer à la machine à vapeur ; car enfin l'air et la vapeur sont deux gaz qui se comportent de la même manière. Dans la machine à vapeur, la distance capillaire de 1/20e de millimètre sera le plus grand obstacle, il faudra compter avec la question de la dilatation par la chaleur, ce sont là des difficultés, qui pour la mécanique, ne sont pas insurmontables.

Si l'air à l'état capillaire possède la propriété que nous venons de démontrer, il en est de même de l'eau. Grâce à l'obligeance de M. Cousté, directeur de la manufacture de tabac, à Paris, je puis signaler ce fait, c'est que pendant très-longtemps les deux puissantes machines de la manufacture que j'ai visitée, ont marché avec des stuffing-box, garnis seulement d'une couche d'eau sans étoupes. Dans ces conditions, malgré la haute pression, les stuffing-box ne laissaient dégager aucune trace de vapeur.

Application de l'osmose au travail des mélasses.

La fabrication du sucre est certainement l'industrie qui a reçu le plus grand perfectionnement de la physique et de la chimie.

Le noir animal est venu aider à la décoloration et faciliter la dépuration des sucres en absorbant certains sels nuisibles, surtout les sels de chaux.

On a reconnu que l'ébullition des sucs sucrés, au contact de l'air, détermine la production d'un acide faible, qui, en réagissant sur le sucre, le transforme en sucre incristallisable ou mélasse; pour éviter une perte immense, les sucres sont saturés par la chaux ; puis, débarrassés de la chaux par l'acide carbonique, ils donnent un liquide que l'on évapore dans le vide.

La chaux utilisée, même pour saturer complétement le sucre, a amené dans cette industrie la plus grande, mais aussi la plus bienfaisante révolution. Cette chaux est préparée dans l'usine par la calcination de la craie, l'acide carbonique qui en résulte est dirigé, par des machines soufflantes, dans les sucres saturés de cet alcali ; il se forme un précipité de carbonate calcaire, espèce de bouillie qu'autrefois on était obligé de transporter dans des sacs, sous pression, pour en retirer le jus. C'était là une des grandes difficultés, en raison de l'usure de la main-d'œuvre. On doit à M. Daneck un important perfectionnement dans le traitement de ces matières ; dans la presse Daneck, la bouillie est introduite, à l'aide d'une pompe, dans un filtre composé d'une trentaine de diaphragmes en fer. Le liquide se distribue dans des sacs placés entre ces diaphragmes, et, comprimé par l'action de la vapeur, il filtre avec facilité. Quand l'opération est terminée, on trouve dans les sacs une matière dure, carbonate de chaux, saturée de substances organiques, qui peut servir d'engrais. Grâce à ce filtre-presse, on peut, au grand avantage de la fabrication, augmenter la proportion de chaux pour la défécation du jus et la saturation du sucre.

Quant au vide appliqué à l'évaporation, tous les perfectionnements se trouvent réunis dans l'admirable appareil de MM. Derosne et Cail, dont un spécimen à triple effet figure à l'Exposition.

L'évaporation terminée donne un produit qui, par le refroidissement, se partage en deux parties, le sucre cristallisable et la mélasse. Pour arriver à la séparation de ces deux produits, et surtout au blanchiment et à l'épuration du sucre cristallisé, on procédait autrefois à la mise en formes, au clairçage, opérations longues et coûteuses, et qui souvent, en raison de la lenteur avec laquelle elles se faisaient, amenaient de graves altérations dans le sucre. La force centrifuge est venue très-heureusement réduire cette opération à une durée de dix minutes ; le liquide mélasse et sucre cristallisé sont placés dans une turbine garnie, dans son pourtour, d'un treillis de fil de laiton, et animée, par minute, d'une rotation de 15 à 1,800 tours ; grâce à cette force, la mélasse passe à travers le treillis, le sucre reste dans l'intérieur de l'appareil. Pendant la rotation, quelques litres d'eau le débarrassent de la mélasse dont il est encore imprégné, un peu de vapeur termine l'opération en le desséchant.

Le sucre obtenu et en poudre cristallisée dans cet état n'est très-apprécié que dans l'industrie du confiseur, du distillateur, mais il a de la peine à entrer dans la consommation, habituée qu'elle est au sucre en morceaux. Pour réduire ce sucre en poudre à l'état de pain on utilise la presse hydraulique, agissant dans des cylindres ayant la forme de pain de sucre.

Tous les perfectionnements de la fabrication du sucre ont pour but principal de réduire la proportion de mélasse. Avant l'introduction des divers appareils que nous venons de citer, cette proportion était de 40 0/0 du sucre travaillé, aujourd'hui elle n'est plus que de 10 0/0.

La mélasse de raffinerie ou celle obtenue directement des jus sucrés, contient à peu près moitié de son poids de sucre cristallisable, et la quantité ainsi perdue par la consommation s'élève de 70 à 80 millions de kilog. par an. Si le sucre cristallisé ne se sépare pas de la mélasse, c'est parce qu'il est ou mélangé ou combiné avec des sels de potasse, qui possèdent la propriété d'empêcher sa cristallisation. Comme perfectionnement important, il était donc essentiel de chercher à combattre l'effet désastreux de ces sels sur le sucre. Sous ce rapport, l'industrie sucrière vient de faire un pas immense en appliquant, grâce à M. Dubrunfaut, le phénomène de l'osmose et la séparation du sel de potasse et du sucre cristallisable.

L'osmose, découvert par Dutrochet, est une propriété remarquable que possèdent une membrane, le parchemin, le tissu des végétaux, par exemple. Cette propriété est caractérisée par ce fait, que si dans cette membrane on renferme un liquide saturé de sucre ou de sels divers, plongée dans l'eau, elle laisse passer les sels et non le sucre. Cette propriété de diffusibilité varie nécessairement suivant la nature des produits en dissolution. Elle a été mise à profit par M. Graham, pour l'analyse des sels, c'est ce qu'il appelle la dialyse; mais sa plus heureuse application, c'est la séparation du sucre cristallisé de la mélasse, c'est ce qui constitue l'osmogène de M. Dubrunfaut, dont un spécimen industriel figure à l'Exposition.

L'osmogène de M. Dubrunfaut est formé par la réunion de plusieurs cadres en bois ; chacun de ces cadres est séparé par une membrane parcheminée, obtenue en trempant du papier fort dans de l'acide sulfurique concentré ; dans chaque cadre, on fait arriver d'un côté de la membrane un courant d'eau chaude, de l'autre côté un courant de mélasse en dissolution dans l'eau ; les deux courants circulent en sens inverse. La membrane laisse passer les sels de potasse qui se dissolvent dans l'eau pure, la mélasse ne contient plus que du sucre incristallisable et du sucre cristallisable ; ce dernier, débarrassé de ses entraves, cristallise par évaporation.

L'osmogène est entré dans la pratique industrielle depuis 1864, il fonctionne chez M. Camichel et Cᵉ, à la Tour-du-Pin, et les résultats obtenus démontrent qu'industriellement on peut retirer de la mélasse au moins 50 0/0 de sucre cristallisable qu'elle renferme. En outre on peut utiliser les sels de potasse en dissolution dans l'eau.

Un appareil osmogène figure à l'Exposition dans la classe 51, machines françaises, il est adossé contre la classe 44. Pour bien démontrer ce précieux système, l'inventeur, M. Dubrunfaut, a disposé un osmogène complet ; à côté figure un cadre avec sa membrane tendue ; enfin, sur l'osmogène, on a placé dans des flacons tous les sels de potasse obtenus de la mélasse.

CHIMIE APPLIQUÉE A LA MÉCANIQUE.

Incrustations des chaudières à vapeur.

Le monde industriel s'occupe depuis longtemps de la recherche d'un moyen pratique propre à prévenir l'incrustation des chaudières. La question est on ne peut plus importante, puisque l'incrustation entraîne la destruction des appareils, la perte de combustible et le danger d'explosion. Mais jusque-là presque tous les procédés mis en usage ont échoué. On s'est attaché principalement à détruire les sels incrustants par l'addition de sels dans la chaudière même ; il est franchement bizarre qu'on n'ait pas réfléchi que c'était augmenter le mal en ajoutant un nouveau principe incrustant, qui a surtout pour base de déterminer la formation d'un précipité si embarrassant dans la chaudière.

La non valeur des procédés mis en usage jusqu'à ce jour tient essentiellement à ce qu'on ne s'est pas rendu compte de l'insolubilité dans l'eau et à des températures élevées des deux sels incrustants, le sulfate de chaux ou plâtre, le carbonate de chaux ou craie.

Dans un excellent travail, intitulé *Recherches sur l'Incrustation des chaudières à vapeur*, travail publié en 1854, et qui malheureusement est passé inaperçu, M. Cousté, directeur de la manufacture impériale de tabacs à Paris, a constaté, par expérience, un fait de la plus haute importance, qui ne se trouve consigné dans aucun livre de chimie, c'est que le sulfate de chaux et le carbonate de chaux sont complétement insolubles dans l'eau chauffée à 140°. J'ai répété l'expérience à mon laboratoire, dans un tube en verre scellé à la lampe, ce tube contenait une dissolution de sulfate de chaux saturée; en élevant la température, la liqueur se trouble, j'ai poussé l'expérience jusqu'à 152°. Après refroidissement, comme l'a bien indiqué M. Cousté, la liqueur ne contient pas de traces de sulfate ni de carbonate de chaux ; tout s'est déposé à l'état de cristaux insolubles, qui, dans l'opinion de M. Cousté, constituent de l'anhydrite ou sulfate de chaux anhydre.

Fort de ses expériences, M. Cousté en a tiré les conclusions suivantes : on éviterait les incrustations des chaudières en échauffant l'eau d'alimentation à 150°, on diminuerait nécessairement le pouvoir incrustant des sels calcaires. En se rapprochant le plus de cette température, c'est le rôle que remplissent les bouilleurs réchauffeurs, qui, en précipitant une partie des sels, utilisent également la chaleur perdue. A son travail M. Cousté a joint un modèle de réchauffeur destiné à amener l'eau d'alimentation à près de 150°.

Dans l'industrie on utilise la chaleur perdue des carneaux pour réchauffer l'eau d'alimentation; quelques-uns de ces appareils figurent à l'Exposition, mais nul ne me paraît remplir mieux les idées de M. Cousté, que les chaudières de M. Farcot et ses fils, surtout celle à bouilleurs latéraux. Dans cet appareil, la chaudière est placée sur le feu direct; elle communique aux deux bouilleurs superposés qui reçoivent la chaleur après la chaudière, l'alimentation se fait par le bouilleur le plus éloigné du foyer. Dans un pareil système, l'eau des bouilleurs, qui peut arriver à une température de près de 100 à 110°, se dépouille presque de tout le carbonate de chaux et d'une partie du sulfate. Ces deux sels, par la disposition de l'appareil, ne peuvent remonter dans la chaudière; les deux sels insolubles déposés dans le bouilleur inférieur, où il n'existe aucun bouillon tumultueux, peuvent être évacués facilement par un robinet de décharge.

On ne peut trop condamner l'emploi de tous les produits, ajoutés dans la chaudière, et qui ont pour but, disent les inventeurs, d'empêcher les incrustations. C'est une erreur que démontre le raisonnement. Les sels incrustants sont le carbonate de chaux et le sulfate de chaux; si dans une eau contenant ces deux sels, vous mettez des copeaux de bois, une décoction de campêche, vous ajoutez de nouvelles substances en dissolution, la matière colorante, vous précipitez à la vérité le carbonate de chaux qui reste dans la chaudière à l'état de dépôt, mais vous ne touchez pas au sulfate de chaux, le produit le plus dangereux.

Si vous additionnez l'eau d'un sel de soude, vous chargez l'eau d'un agent de plus, un sel de soude, vous précipitez le sulfate de chaux à l'état de carbonate de chaux qui reste dans la chaudière. En résumé, vous ne faites qu'empirer le mal en agissant dans la chaudière même.

N'est-il pas plus simple de procéder en dehors de la chaudière, d'éliminer, par dépôt, les sels calcaires à l'aide du carbonate de soude ; lorsque les eaux ne contiennent que du sulfate de chaux ou plâtre, à l'aide de la soude caustique, lorsque les eaux contiennent également du carbonate et du sulfate de chaux, ce qui est le cas le plus ordinaire, et alors le carbonate de chaux, qui est à l'état de bicarbonate, donne naissance à des carbonates de chaux neutres insolubles et à des carbonates de soude qui, en présence du sulfate de chaux, forment du sulfate de soude et du carbonate de chaux, tout l'élément calcaire disparaît, et il reste dans l'eau d'alimentation du sulfate de soude qui ne possède pas la propriété de former des plaques inscrustantes.

La lenteur avec laquelle se fait le dépôt de sel calcaire a été jusque-là un obstacle qui a empêché l'usage de ce procédé dans les usines qui consomment une très-grande quantité d'eau, ou facilite ce dépôt en chauffant l'eau qui le contient à 45 ou 50°.

Machines à gaz Hugon et Lenoir.

Les moteurs à gaz sont destinés à amener une grande révolution dans les petites industries qui ne disposent que de peu de place et qui n'ont besoin que de force sans vapeur. Le principe de ces moteurs, bien connu en chimie, réside dans la propriété que possède les gaz en se combinant, de dégager de la chaleur, et de cette autre propriété que les gaz, soumis à l'action d'une haute température, augmentent de volume, se dilatent, ou, en terme industriel, sont doués d'une certaine tension.

Ce principe a été mis en pratique par deux hommes également méritants, MM. Lenoir et Hugon.

Les deux moteurs qui figurent à l'Exposition utilisent le gaz d'éclairage qui, mélangé à l'air, donne la tension voulue par l'inflammation. Dans les deux appareils, le mécanisme, très-ingénieusement combiné, est à peu près le même. La seule différence, c'est que dans le système Lenoir l'inflammation des mélanges gazeux se fait par l'électricité, dans le système Hugon elle s'effectue par un bec de gaz allumé.

Le système Lenoir est armé de deux éléments de Bunsen, renforcés par une petite bobine de Rhumkorff, et ce qu'il a de plus remarquable, c'est le très-ingénieux appareil, espèce de tiroir, que fait fonctionner la machine elle-même pour distribuer l'électricité en haut ou en bas du piston.

La machine Lenoir ne laisse certainement rien à désirer sous le rapport de la marche et de la combinaison du mécanisme, seulement elle est soumise à un agent capricieux, l'électricité, qui exige du conducteur plus de connaissances et d'intelligence.

La machine Hugon, au point de vue de l'installation, de l'entretien, présente les mêmes avantages que le moteur Lenoir. Mais le système d'inflammation par un bec allumé la rend beaucoup plus simple ; en outre, elle donne un travail plus économique par l'introduction d'un jet d'eau chauffée à 30° dans l'intérieur du corps de pompe au moment de l'explosion du gaz. Cette eau, par suite de la température élevée, se réduit à l'état de vapeur qui vient, non-seulement augmenter la tension intérieure, mais encore modérer l'action saccadée, énergique, produite par l'inflammation instantanée.

On a fait un reproche très-juste aux moteurs à gaz, c'est que la température élevée, produite par l'inflammation, ne tarde pas à détruire les parois du cylindre et le piston lui-même. Pour amortir cette chaleur, le système Lenoir est forcé d'employer une quantité d'eau assez importante qui circule dans une double enveloppe qui entoure le cylindre. Dans le système Hugon, cet inconvénient disparaît presque complétement : la chaleur développée est absorbée en grande partie par de l'eau injectée dans le cylindre. C'est là un des plus importants perfectionnements de cette machine.

Dans le moteur Hugon, la quantité du mélange gazeux introduit dans le cylindre, représente environ le tiers de sa capacité.

Une machine d'un cheval consomme par heure 2 mètres cubes de gaz d'éclairage.

La température de l'eau qui a servi à refroidir le cylindre est de 30 à 40°.

Il existe à l'Exposition six machines Hugon :

Une machine de 3 chevaux, dans la boulangerie de MM. Plouin et Vauzy, fait manœuvrer les pétrins;

Une dans l'exposition de l'outillage français fait fonctionner un extracteur à gaz;

Une machine de 1/2 cheval donne le mouvement à une presse à imprimer, dans le kiosque des Missions étrangères;

Deux machines dans le Palais, classe 53;

Une machine dans le laboratoire de chimie, classe 51.

Fumivores.

En vertu d'un décret du 11 novembre 1854, tout industriel est tenu de brûler complétement la fumée provenant de ses appareils. Ce décret, dicté et motivé dans un but hygiénique pour les grands centres de population, est resté à l'état de lettre morte, faute d'un bon appareil fumivore.

Cette question de fumivorité, qui préoccupe tout aussi vivement l'industrie française que l'industrie anglaise, semble complétement résolue par le système Thiery fils, dont plusieurs appareils fonctionnent à l'Exposition.

Ce système consiste simplement à faire arriver à l'extrémité du foyer, près de l'autel, un courant de vapeur surchauffée; cette vapeur, prise dans la chaudière surchauffée dans un large tube en fer, placé en dedans et au-dessus de la porte du foyer. Ce tube est percé d'une série de trous destinés à donner issue au jet de vapeur.

L'eau, par ses éléments, projetée dans la fumée à une haute température, donne naissance à de l'hydrogène carboné et à de l'oxyde de carbone, qui, mélangés à un courant d'air convenablement ménagé, produisent une combustion complète, en formant de l'eau et de l'acide carbonique.

Une chaudière de démonstration existe à l'Exposition, avenue de Bretagne, en face le lac et l'église; et en raison de l'importance de ce problème, j'ai cru devoir suivre la marche de cette chaudière pendant un jour entier. Sur cette chaudière existent deux cheminées : une très-basse, une, au contraire, proportionnellement très-élevée. A plusieurs reprises, j'ai fait cesser l'introduction de la vapeur dans le foyer, la fumée reparaissait immédiatement, pour disparaître en faisant fonctionner de nouveau l'appareil. Les deux cheminées, de hauteurs différentes, démontrent qu'avec le fumivore Thiery on peut éviter les cheminées élevées. L'absence de fumée, l'intensité du courant, motivé par le jet de vapeur, rendent suffisantes les basses cheminées.

L'appareil Thiery a fonctionné à Cherbourg, dans le port, et sur l'aviso à vapeur le *Var;* les conclusions générales des ingénieurs se résument comme suit :

Installation prompte et facile sans démonter les appareils existants;

Fumivorité complète, manœuvre simple, sans danger;

20 0/0 de production de vapeur de plus, malgré la réduction des grilles du foyer.

Il active le tirage et permet de brûler du charbon d'une qualité inférieure.

A l'Exposition, le fumivore Thiery fonctionne sur la chaudière du *Friedland*, de la marine impériale, au bord de la Seine.

II

CHIMIE INDUSTRIELLE PROPREMENT DITE.

Production industrielle de l'oxygène par le manganate de soude, de Tessié du Motay et Maréchal.

Une des questions les plus importantes qui intéressent une multitude d'industries et en particulier la fusion des métaux, même du platine, la teinture, le blanchîment de toute espèce de fils et tissus, l'éclairage, c'est la production de l'oxygène à bon marché, extrait de sa source principale, l'air, qui en contient 21 0/0.

L'expérience de Lavoisier, l'absorption de l'oxygène par le mercure, est une première solution du problème. M. Boussingault l'a suivie dans cette voie, en substituant au mercure la baryte, qui, au rouge sombre, absorbe l'oxygène qu'elle rend, lorsque le produit bioxyde de barium est chauffé au rouge clair. Cette réaction jusqu'à ce jour n'a pu être appliquée industriellement, à cause des hautes températures qu'elle exige et de la lenteur de l'opération.

MM. Tessié du Motay et Maréchal ont constaté ce fait, qui est la base de leur procédé, c'est que les manganates alcalins abandonnent une partie de leur oxygène lorsqu'on les soumet à une température de 450° dans un courant de vapeur d'eau. Il se produit du sesquioxyde de manganèse, de la soude ou potasse hydratée. Si maintenant on soumet ce mélange de sesquioxyde de manganèse et d'alcali hydraté à une température de 450° sous l'influence d'un courant d'air, il se forme, de nouveau, du manganate de soude, que l'on peut décomposer par la vapeur d'eau. L'opération de l'oxydation et de la désoxydation peut s'effectuer dans le même appareil. L'oxygène, produit avec la vapeur, passe dans un condenseur, la vapeur se liquéfie et l'oxygène se rend dans un gazomètre.

Ce manganate de soude, que l'inventeur prétend pouvoir livrer au prix de 1 fr. le kilog., aura le double avantage de pouvoir fournir de l'oxygène libre pour l'éclairage, la fusion des métaux et de l'oxygène à l'état naissant pour le blanchîment et la teinture.

Blanchîment du coton, de la laine, du lin, par le manganate de soude.

Le blanchîment du coton, qui au premier abord, paraît on ne peut plus simple, est cependant une industrie difficile et minutieuse. Les bons blanchisseurs sont rares et recherchés, et par bon blanchisseur on entend celui qui, non-seulement donne le blanc le plus parfait, mais qui surtout n'altère pas le fil ou tissu. Le blanchîment du coton s'opère à l'aide de chlorure de chaux qui n'agit ou ne doit agir, dans les opérations bien conduites, que par l'oxygène qu'il contient. Du moment où, par une cause quelconque, le chlore est mis en liberté, le tissu est attaqué, attendri et rendu impropre aux opérations du tissage.

Quand le blanchîment est terminé, on procède à l'enlevage du chlorure de chaux excédant par des lavages à grande eau. Malheureusement, il reste toujours dans les fils une petite quantité de chlorure que l'on ne peut détacher que par un bain d'acide chlorhydrique ou sulfurique. C'est-là où est l'écueil ; malgré toutes les précautions il se dégage toujours du chlore, dont les effets désastreux sont d'autant plus difficiles à éviter, qu'ils ne se manifestent pas immédiatement.

Si l'on emploie le chlorure de chaux, malgré le grave inconvénient qu'il présente, c'est parce que c'est le produit chimique qui peut donner l'oxygène à l'état naissant au plus bas prix, et surtout l'oxygène dans un état de combinaison qui lui permet de détruire la matière colorante à la température ordinaire.

Au chlorure de chaux on peut substituer le manganate de soude, ou préférablement le permanganate. J'ai fait des expériences à ce sujet; elles m'ont démontré que le permanganate, tout en jouissant des propriétés du chlorure de chaux, avait cet avantage que l'oxygène est combiné à un composé, oxyde de manganèse, qui n'a aucune action nuisible sur les fils ou tissus. Après la réaction, il se dépose sur le coton, lui donne une teinte brune qu'il est très-facile d'enlever par un passage dans un bain de sulfite de soude ou d'acide sulfureux; il se forme dans ce cas du sulfate de protoxyde de manganèse incolore et soluble dans l'eau.

Pour arriver à un blanchiment plus complet, on transforme le manganate de soude en permanganate plus énergique. Cette transformation s'effectue en ajoutant à la dissolution de manganate de soude, du sulfate de magnésie ou du chlorure de calcium plus économique.

L'équation suivante rend compte de cette curieuse transformation :

MATIÈRES EMPLOYÉES :

$$3\,(NaO, MnO^3) + 2\,(MgO, SO^3.)$$

Manganate de soude. Sulfate de magnésie.

MATIÈRES PRODUITES :

$$NaO, Mn^2O^7 + MnO^2 + 2\,NaO, SO^3.$$

Permanganate de soude. Oxyde manganique. Sulfate de soude.

$$+ (2\,MgO, HO.)$$

Magnésie.

Le blanchiment par le permanganate peut aussi bien s'appliquer au lin qu'à la laine. Quelques espèces de laines résistent à l'action de l'acide sulfureux, elles conservent après le blanchiment une couleur jaunâtre qui disparaît par le permanganate.

Des expériences de blanchiment par le permanganate se font, chaque jour, dans la classe 51, n° 31, sous la direction de MM. Jorosson et Bastaert, blanchisseurs de lin, à Lille, qui, à l'Exposition, ont monté un appareil de blanchiment, qui se complète par l'usage de manganate de soude.

Le permanganate de soude ou de potasse, comme nous venons de l'indiquer, paraît appelé à jouer un très-grand rôle au point de vue industriel ; il est entré dans le domaine des produits chimiques fabriqués en grand. MM. Poullen et Wittmann, qui s'occupent spécialement de ce produit, exposent un magnifique échantillon de permanganate de potasse, n° 124 de la classe 44.

Enfin, en Angleterre, on emploie le permanganate en médecine comme désinfectant. Je ne connais aucune expérience faite en France à ce sujet, mais il est plus que probable que l'oxygène, à l'état naissant, doit avoir une action très-marquée sur l'économie. C'est un nouvel agent thérapeutique qui, j'en suis convaincu, est appelé à rendre de grands services.

M. Condy, de Londres (classe 44), expose des échantillons remarquables de permanganate de potasse ; dans une vitrine spéciale se trouvent des dissolutions aromatisées de permanganate, destinées principalement à la toilette et à l'hygiène de la bouche.

Il y a là une grande étude nouvelle à faire.

Avant de quitter la question de l'oxygène, je crois devoir signaler deux faits qui ne manquent pas d'importance.

M. Limousin, pharmacien, rue Blanche, à Paris, cherche à remettre en honneur l'oxygène au point de vue thérapeutique. Dans sa modeste vitrine se trouve un spécimen d'ingénieux appareils, destinés à produire économiquement l'oxygène par la calcination d'un mélange de chlorate de potasse et de peroxyde de manganèse, et d'autres appareils qui ont pour but de faire respirer l'oxygène avec facilité. J'indique cette exposition non-seulement à cause du mérite des instruments, du bon marché de l'oxygène qui peut être obtenu, même pour la personne qui n'a aucune notion de chimie, je l'indique surtout pour rappeler que M. Démarquey vient de publier un travail remarquable, dans lequel il démontre que l'oxygène, au point de vue médical, constitue une thérapeutique nouvelle et très-rationnelle.

Dans un récent mémoire, M. Limousin vient de démontrer qu'on pouvait impunément respirer de l'oxygène pur sans amener de désordre dans l'économie.

Comme second point important concernant l'oxygène thérapeutique, je signale ce fait, qu'il existe à Neubourg (Eure), une source d'eau analysée par MM. Lemercier, pharmacien, et Jacquelin, chimiste, dont l'air tenu en dissolution contient au maximum 47 0/0 d'oxygène ; cette eau, qui blanchit la toile très-rapidement, appliquée à un cas de diabète, a produit la suppression du sucre.

Je ne puis donc que le répéter : l'oxygène est entré dans une voie nouvelle, industrielle et médicale. Les documents que je viens de signaler démontrent qu'il y a là une riche mine à exploiter.

PRODUITS CHIMIQUES.

Fabrication du carbonate de potasse et de soude, soude et potasse du commerce.

La fabrication artificielle du carbonate de soude et de potasse reste toujours sous l'empire du procédé Leblanc, c'est-à-dire transformation du chlorure de sodium ou de potassium en sulfate, production d'acide chlorhydrique, de carbonates alcalins et de charrée, ou oxysulfure de calcium.

Malgré toutes les tentatives faites jusqu'à ce jour, on n'a pu directement obtenir du carbonate de soude ou de potasse, du chlorure sodique ou potassique. On a tenté, mais en vain, la transformation par le carbonate de chaux, ou le silicate de soude décomposé par l'acide carbonique.

Pour obtenir la soude ou potasse, il faut passer par l'acide sulfurique. Pour fabriquer l'acide sulfurique, il faut du soufre, qui, après avoir rempli son rôle, est rejeté comme substance inerte, sous forme de charrée, matière éminemment infecte et surtout on ne peut plus encombrante pour l'industriel.

Ce soufre, c'est la Sicile qui le fournit, sa richesse moyenne est de 95 0/0 de matière utile. Ce soufre, venant de si loin, est grevé naturellement de frais d'extraction, de droits de douane à la sortie, de frais de transport, déchets, droits de douane à l'entrée, etc., etc. Par suite d'un droit malheureusement imposé à la sortie du soufre de Sicile, à l'époque où la maladie de la vigne en avait augmenté considérablement la consommation, la France, l'Angleterre et l'Allemagne cherchèrent, dans le sulfure de fer, le soufre nécessaire à tous les besoins. La mine de Chessy, près Lyon, est venue démontrer qu'on pouvait se passer de soufre étranger, et aujourd'hui toutes les usines sont montées pour brûler des pyrites de fer.

Malheureusement ces pyrites de fer ne contiennent que 54 0/0 de soufre sur 46 de fer qu'il est de toute impossibilité d'utiliser, et encore sur les 54 de soufre, l'industrie ne parvient à en retirer, par la calcination bien conduite, que 48 à 49. En outre, l'emploi de ce sulfure de fer a propagé une erreur bien fâcheuse, c'est que tous les dérivés de sulfure de fer contiennent des composés arsenicaux. J'affirme qu'après avoir essayé l'acide sulfurique des plus importantes fabriques de France, généralement je n'ai jamais trouvé aucune trace d'arsenic. Dans deux cas seulement, j'ai dû constater la présence de ce métalloïde, mais en quantité telle, qu'elle ne pouvait avoir d'importance que dans le cas de recherches toxicologiques. Le sulfure de fer n'a donc rien de nuisible à ce point de vue. C'est un produit national qui est heureusement venu faire concurrence à un produit étranger.

Seulement, je le répète, le soufre, qui a une valeur importante, devient, après les opérations, un produit sans valeur ; il grève naturellement de tout son prix le carbonate de soude ou de potasse.

Le problème à résoudre consiste donc à se servir du même soufre indéfiniment, à le régénérer de sa combinaison d'oxysulfure calcique, ou à trouver un composé capable de transformer une quantité indéfinie de chlorure de sodium en carbonate de soude.

La régénération du soufre est à l'ordre du jour ; à l'Exposition, on la trouve dans tous les pays : En France, à Dieuze, classe 44, nº 216. Dans cette vitrine, on peut suivre toutes les phases de cette transformation.

En Wesphalie, nº 105, où se trouve exposé du sel de soude à 98º.

En Hollande, à Utrecht, usine Smith et Wolf.

Cette régénération s'effectue par plusieurs procédés qui donnent des résultats positifs, c'est-à-dire du soufre combustible, mais ils ne nous paraissent pas encore être entrés dans le domaine industriel ; il leur manque une condition essentielle, c'est le point de vue économique.

Il ne faut pas perdre de vue que la fabrique de carbonate de soude, sous le rapport de l'hygiène, présente deux inconvénients, l'acide chlorhydrique et la charrée, qui donnent naissance à des plaintes et des procès nombreux. Il faut rendre aux fabricants cette justice, qu'ils cherchent, par des procédés nouveaux, à s'affranchir des effets délétères dont ils sont la cause. Mais parce qu'un procédé nouveau vient de paraître, qui, dit-on, supprime la charrée, il ne faudra pas le leur imposer d'une manière absolue sans savoir si ce procédé, tout en étant vrai théoriquement, n'est pas ruineux.

Les divers procédés de régénération du soufre consistent :

1° A décomposer directement la charrée par le résidu de la préparation du chlore, résidu contenant du chlorure manganeux et de l'acide chlorhydrique. Le produit principal, c'est du soufre ;

2° A oxyder la charrée au contact de l'air, pour la transformer en hyposulfite de chaux. Cette oxydation s'effectue en sillonnant la masse de charrée par de nombreux fossés ;

3° A oxyder la charrée en faisant passer un courant d'air forcé dans la cuve en tôle qui a servi au lessivage de la soude brute. L'inventeur dit qu'il faut que l'oxydation soit telle que, pour un équivalent d'hyposulfite, il y ait deux équivalents de sulfure de calcium.

Je le reconnais, tous ces procédés donnent du soufre ; mais au point de vue industriel, et surtout de la masse à manœuvrer, ils me paraissent économiquement impossibles. Après un lessivage méthodique qui donne une liqueur concentrée d'hyposulfite de chaux, on décompose, ou par les résidus de la fabrication du chlore, ou par l'acide chlorhydrique.

Je ferai d'abord observer que, par le second procédé, on n'obtient, pour ainsi dire, que de l'hyposulfite, puis on perd la moitié du soufre.

Pour le troisième procédé, en admettant qu'on puisse obtenir à volonté un équivalent d'hyposulfite de chaux pour deux de sulfure de calcium, on doit réellement régénérer tout le soufre. Mais cette réaction, d'oxydation à chiffre fixe, n'est pas possible industriellement, en présence des masses imposantes sur lesquelles on doit opérer.

En résumé, la régénération du soufre est entrée dans une nouvelle phase ; la transformation en hyposulfite de chaux est une idée heureuse, si elle peut être réglée sur la masse de charrée que fabriquent les usines.

J'ai indiqué les frais qui grèvent le soufre à l'état naturel avant sa mise en œuvre ; mais ces frais ne sont-ils pas plus importants quand il s'agit de le régénérer? Il faut, dans ce cas, une main-d'œuvre continue pour creuser le fossé, lessiver la charrée, il faut de l'acide chlorhydrique qui, pour le moment, a une certaine valeur commerciale. En outre, l'on obtient du soufre mouillé qui doit être desséché avant de le transformer en acide sulfureux. Si l'on établit la balance entre le soufre naturel et le soufre régénéré, il est probable que le dernier reviendra à plus de 2 fr. 50 les 100 kil., comme le dit l'inventeur.

Un procédé nouveau de fabrication de soude qui me paraît avoir de l'avenir et qui, lui aussi, a besoin du baptême industriel, consiste à substituer au soufre l'acide fluosilicique. Ce procédé est de M. Tessié du Mottay.

Si l'on calcine un mélange de fluorure de calcium, de charbon et d'acide silicique, on obtient du fluorure de silicium, qui, recueilli dans l'eau, donne de l'acide fluosilicique, dont des échantillons à 18° figurent dans la vitrine nº 296, classe 44.

Cet acide fluosilicique, mis en contact avec le chlorure ou sulfate de potasse ou de soude, donne du fluosilicate de potasse très-peu soluble dans l'eau, ou du fluosilicate de soude plus soluble.

Ces sels, décomposés par la chaux, fournissent de la soude et de la potasse caustique, et comme résidu du fluorure de calcium et de l'acide silicique que l'on peut transformer en fluorure de calcium par une nouvelle calcination.

Ce procédé est mis en pratique à Grosblidershoff (Moselle). S'il peut entrer dans le domaine industriel, il aurait cet avantage :

1º de pouvoir régénérer indéfiniment le produit principal, l'acide fluosilicique;

2º De réduire les divers fourneaux de la fabrication ordinaire, fourneaux à sulfate, fourneaux à carbonate, à un seul, la calcination du fluorure de calcium avec l'acide silicique et le charbon;

3° De supprimer les causes d'insalubrité, la production de l'acide chlorhydrique et de la charrée ;

4° De pouvoir utiliser les sels de potasse et de soude que contiennent les eaux mères des marais salants, et les sels des mines nouvellement découvertes à Stassfurth, en Prusse, sels qui contiennent principalement du chlorure de potassium et de sodium, mélangés, comme les sels de marais salants, à une notable quantité de sels de magnésie.

Le brûlage du sulfure de fer présente de grandes difficultés. Le sulfure commercial est toujours accompagné de poudre fine, la plus difficile à soumettre à la combustion. A l'industriel qui s'intéresse à cette question, je lui recommande le four de M. Perret et ses fils, de Lyon, four dont un spécimen figure n° 216, classe 44, en France. J'appelle, en outre, l'attention des chimistes et industriels sur la mine de Stassfurth, n° 112, exposition des produits chimiques de Prusse. Ces mines, composées comme je l'ai indiqué plus haut, sont représentées par une colonne en verre, dans laquelle sont superposés les divers gisements qui les constituent. Il y a là un utile document à consulter.

Enfin, je ne puis terminer cette question si importante de la soude, sans signaler la splendide collection de minerais de soufre exposés par le gouvernement italien. A côté de ces minerais se trouvent indiqués, par des produits, toutes les phases de la fabrication du soufre commercial.

Certainement qu'en présence de cette abondance de soufre en Sicile, de sulfure de fer et même de cuivre, l'industrie est assurée de ne jamais manquer de cette matière première.

Au besoin, la fabrication du gaz pourra lui apporter, à l'avenir, une très-importante quantité de ce produit.

La Compagnie parisienne du gaz de Paris, n° 132, classe 44, absorbe l'hydrogène sulfuré du gaz d'éclairage à l'aide du peroxyde de fer hydraté. Il se forme du protosulfure de fer, qui, exposé au contact de l'air par l'absorption de l'oxygène, donne un mélange de soufre et d'oxyde de fer. Ce mélange est mis de nouveau en contact avec de l'hydrogène sulfuré, production d'une nouvelle quantité de sulfure qu'on expose à l'air, etc., etc., etc.

On arrive ainsi à obtenir un produit chargé de 44 à 45 0/0 de soufre que l'usine livre au fabricant d'acide sulfurique.

Voilà donc une nouvelle source nationale de soufre.

Acide borique.

Cet acide, dont les usages dans l'industrie sont très-limités, est cependant le sujet d'une très-vaste exploitation.

Dans l'exposition italienne, M. Larderollo, de Livourne, a exposé toutes les phases de la fabrication de l'acide borique. En outre, dans un magnifique album, il a reproduit des documents très-importants indiquant le plan des usines, le mode d'exploitation sur le lagoni de Toscane, le système de sondage pour obtenir les suffioni ou volcans d'eau chaude, tenant en dissolution l'acide borique.

Ce sont de très-utiles documents à consulter pour les jeunes chimistes, qui, dans les livres, ne trouvent que des plans et figures incomplets.

Acide fluorhydrique. — Gravure sur verre.

Les plus beaux spécimens de l'art industriel se trouvent réunis au Champ-de-Mars, dans les usines verreries si réputées de Saint-Louis et Baccarat. En examinant de près les merveilles exposées par ces fabriques, on est frappé du fini des gravures, et surtout de leurs teintes mates, chaudes et uniformes. Il y a là une révolution complète due à l'emploi des fluorhydrates de fluorure, dont l'on doit l'application à MM. Maréchal et Tessié du Mottay, de Nancy.

La gravure mate sur verre s'obtenait par l'ancien procédé à l'aide de la roue, mue par un habile ouvrier; mais cet ouvrier, tel artiste qu'il fût, ne pouvait pénétrer d'une manière égale avec son instrument dans toutes les saillies et cavités d'un modèle quelconque; aussi les pièces de choix, les travaux les plus habiles, acquerraient souvent des prix élevés.

L'acide fluorhydrique s'est fait artiste sur verre, et à l'aide de la gravure sur cuivre et de la presse typographique, on peut nous livrer aujourd'hui des objets de luxe abordables pour les bourses ordinaires. Voici en quoi consiste ce procédé :

Un artiste grave sur cuivre par le procédé ordinaire un sujet quelconque, cette gravure peut être faite à l'eau forte, on en tire la quantité d'exemplaires nécessaires avec une encre qui possède la propriété de ne pas être attaquée par l'acide fluorhydrique libre. Chaque exemplaire, encore frais, est fixé sur le verre, on détache le papier en le mouillant légèrement avec une dissolution acide faible, l'encre seule reste; dans cet état, il suffit de plonger l'objet dans de l'acide fluorhydrique à l'état naissant, les dessins apparaissent dans la partie non protégée par l'encre. Avec un pareil système on comprend qu'il est possible de reproduire indéfiniment le même sujet.

Le point capital est d'obtenir des teintes mates bien nettes. Si l'on opère avec l'acide fluorhydrique liquide pur, les traits sont creux, mais transparents et invisibles, parce que l'acide fluorhydrique ronge le verre à la vérité, en redissolvant le fluorure de silicium ou de plomb formé.

Si on opère avec l'acide fluorhydrique gazeux, la teinte est mate, mais granulée; elle manque d'uniformité, parce que les fluorures de silicium et de plomb formés ne sont dissous que d'une manière incomplète, faute d'un excès d'acide fluorhydrique. Pour donner à la teinte mate cet uni, ce fini que l'on observe dans les objets de Saint-Louis et Baccarat, MM. Tessié du Mottay et Maréchal ont indiqué un mode opératoire excessivement simple, qui a fait le sujet d'un mémoire présenté à l'Institut, le 5 février 1866.

Si à 1,000 grammes d'eau on ajoute 250 grammes de fluorhydrate de fluorure de potassium cristallisé et 250 grammes d'acide chlorhydrique du commerce, on obtient un bain où le cristal et le verre se dépolissent rapidement. Mais pour donner à ce dépoli une fixité, une netteté complète, il faut empêcher que le fluorum de silicium et de plomb, cause du dépoli, ne se redissolvent dans le liquide acide ; on y arrive facilement en saturant le liquide du bain de sulfate de potasse ; en d'autres termes, une dissolution saturée de sulfate de potasse ou de sulfate d'ammoniaque, chlorure de zinc, ne redissout pas le fluorure de silicium ou de plomb.

L'emploi du fluorhydrate de fluorum de potassium a ce double avantage, de pouvoir opérer avec sûreté et rapidement, et d'éviter l'usage insalubre de la roue et de l'acide fluorhydrique pur.

M. Kulmann, de Lille, utilise l'acide fluorhydrique dans d'autres circonstances différentes de celles que nous venons d'indiquer, mais non moins curieuses.

Sur une glace en verre, il verse une dissolution saturée d'un sel, azotate de potasse, par exemple ; il abandonne ce sel à l'évaporation spontanée, il se forme des cristaux très-déliés enlacés les uns dans les autres, produisant assez souvent un dessin assez pittoresque.

Cette glace, ainsi préparée, est exposée à l'action de l'acide fluorhydrique gazeux qui n'agit pas sur la partie protégée par le sel, mais qui ronge et creuse les parties intermédiaires. Par un lavage à l'eau on enlève la substance saline, on obtient une planche présentant en relief la partie cristallisée. On reporte cette planche par pression sur une feuille de gutta-percha ramollie par la chaleur ; on peut, à l'aide de la galvanoplastie, obtenir une planche en cuivre avec la planche en gutta-percha, la planche en cuivre sert à reproduire indéfiniment le dessin. M. Kullman espère arriver ainsi à faire des gravures sur rouleaux pour indienne. Des spécimens de cette gravure figurent dans la classe 44.

Peinture à la céruse et à l'oxyde de zinc.

La céruse, carbonate de plomb, est largement représentée à l'Exposition dans toutes les puissances. Mais cette fabrication est plus concentrée dans les départements du nord de la France. On doit rendre cette justice aux fabricants et surtout aux importantes maisons Péruse, Lefèvre, Faure, de Lille, Bezançon, près de Paris, qu'ils ont modifié leur fabrication, non-seulement au point de vue de la blancheur, mais encore sous le rapport hygiénique des ouvriers, des hôpitaux.

Les statistiques dénotent ces faits importants que les coliques saturnines sont aujourd'hui une exception, parce que, dans la fabrique, tout le travail de la céruse se fait sous l'eau : la mise en pains, le broyage, s'opèrent par voie mécanique ; enfin, que l'ouvrier est soumis à un régime hygiénique forcé qui atténue de beaucoup les accidents. Dans certaines usines, comme celle de MM. Besançon frères, la céruse est livrée broyée avec de l'huile.

Malgré cela, le carbonate de plomb n'en reste pas moins un produit délétère, et en présence de la facilité avec laquelle il noircit sous la moindre influence, nous sommes étonnés de la grande faveur dont il jouit, comparativement au blanc de zinc, qui ne possède aucune propriété nuisible et ne noircit jamais sous l'influence de l'hydrogène sulfuré.

Loin de nous l'idée de diminuer le mérite des fabricants de céruse ; leur métier est honorable, ils fabriquent un produit délétère, il est vrai, mais on le leur demande. Mais ce que nous ne pouvons admettre, c'est cette opinion accréditée que la peinture au blanc de zinc est plus chère, couvre moins et a moins de durée ; ce sont là de graves erreurs.

Des expériences sérieuses démontrent que la peinture au blanc de zinc se conserve, sans être altérée, dans les cafés, les théâtres, les laboratoires, les écuries et cabinets d'aisances.

Il faut, pour un mètre carré de peinture, plus de céruse que d'oxyde de zinc.

Ces faits, du reste, ont reçu leur consécration d'une lettre du ministre des Travaux publics, en date du 24 août 1849, qui a pris l'arrêté suivant :

« A l'avenir, le blanc de zinc sera exclusivement employé dans les travaux de peinture à l'huile exécutés dans les bâtiments de l'Etat. »

Nous ne pouvons donc qu'appeler l'attention du monde industriel sur l'emploi très-salubre de l'oxyde de zinc, comme peinture blanche, et à ce sujet nous recommandons l'exposition de la Vieille-Montagne, en Belgique, où se trouvent des spécimens de blanc de zinc, de blanc de neige, blanc n° 1, gris pierre et gris ardoise.

Pour nous, la céruse est entourée de toutes les précautions hygiéniques possibles, mais le progrès, nous n'en doutons pas, la fera disparaître dans un temps, qui malheureusement sera toujours trop long, pour faire place à l'oxyde de zinc.

III

CHIMIE AGRICOLE

La chimie agricole se trouve représentée à l'Exposition universelle par quelques spécimens d'engrais artificiels et d'engrais naturels.

Quelle est la cause de cette rareté et pourquoi ce fait anormal? L'agriculteur, pour subvenir aux fortes charges, qui pèsent sur lui, vise à la culture intensive à forts rendements; cette culture exige une très-grande quantité d'engrais, et malgré ce pressant besoin, il n'achète plus les engrais artificiels que lui présentent le commerce?

Cette conduite a sa raison d'être, parce que l'expérience a démontré que les engrais artificiels ne contiennent pas ce qu'annoncent leurs pompeuses réclames, qu'ils ne possèdent aucun caractère extérieur qui puisse indiquer leur qualité, enfin, pour moi, ils constituent une spéculation profitable à celui qui fabrique, mais généralement ruineuse pour le cultivateur qui l'emploie. C'est ce que je me propose de démontrer dans ces quelques lignes qui auront pour conclusion :

Que le cultivateur intelligent peut trouver dans sa ferme tous les engrais nécessaires, même à une culture très-intensive.

Si l'on étudie l'analyse de toutes les plantes, on remarque que les deux agents qui dominent sont le carbone et l'oxygène. Ainsi, dans le blé sec, par exemple, suivant Boussingault, on trouve sur 100 parties :

Carbone	48,48
Oxygène.	38,79
Hydrogène.	5,40
Azote.	0,36
Sels	6,97
	100 »

Le carbone, surtout, a une importance exceptionnelle, et son chiffre déjà élevé des récoltes ordinaires, augmente dans les plantes oléagineuses, qui, non-seulement ne laissent rien en racine dans le sol, mais qui épuisent beaucoup par l'huile produite, très-chargée de carbone.

D'après cette analyse, le cultivateur devrait diriger toute son intelligence à employer les engrais contenant le plus de carbone et d'oxygène. Il n'en est rien, malheureusement, parce que l'homme des champs a été bercé par la science dans cette dangereuse théorie, qu'il n'a pas besoin de s'occuper de carbone, qui dans l'air existe en suffisante quantité pour suffire à toutes les végétations possibles.

C'est là une grave erreur contre laquelle je me suis déjà élevé en 1862, erreur que devraient combattre tous les hommes qui aiment l'agriculture, parce que c'est elle qui a amené l'invention des engrais artificiels si peu carbonés, parce que c'est elle qui a retardé l'étude si importante de la marne et de son rôle en agriculture. La science indique que l'acide carbonique existe dans l'air dans la proportion de 4/10,000^{e}, que cet acide carbonique provient de la combustion des volcans, de la respiration, de la putréfaction ; que les plantes, sous l'influence solaire, le décomposent en carbone, qu'elles s'assimilent, et en oxygène qui rentre dans l'air ; enfin que cette décomposition n'a pas lieu sous l'influence de la lumière diffuse et surtout pendant la nuit.

En fait, ces propriétés sont vraies ; mais en présence de l'immensité de la végétation, est-il donc possible d'admettre que l'acide carbonique, provenant de si faible source, comparé à la masse de l'univers, puisse suffire à l'alimentation des végétaux ? Qu'on le remarque bien, l'acide carbonique, en hiver, où n'existe aucune végétation, en été, au contraire, où la végétation est à son maximum, ne dépasse jamais 4/10,000^{e}, et souvent il fait complétement défaut, comme je l'ai constaté dans des expériences faites avec beaucoup de soin.

Pour moi, c'est un fait bien certain, le carbone de l'air est insuffisant pour la plante, et, pour confirmer mon opinion, je suis heureux de citer les paroles de M. de Gasparin, qui, dans son ouvrage, tome VI, page 88, s'exprime ainsi :

« Dès aujourd'hui, il est bien évident que la plante ne « trouve pas dans l'air de quoi satisfaire à tous les besoins « du carbone. »

Pour bien démontrer que le cultivateur ne doit pas s'endormir dans cette douce mais dangereuse quiétude, que la Providence s'est chargée de pourvoir à ses besoins de carbone, je citerai des chiffres importants pris dans la culture du blé et du colza.

Produit moyen d'un hectare de blé :

Paille, 4,900 k. contenant, suivant M. Boussingault	1,764 k.	de carbone.
Blé, 2,400 k. ou 30 hect., contenant, id	960	id.
Total du carbone	2,724 k.	
A cet hectare de blé, on a donné 10,000 k. de fumier, contenant carbone	740	
D'après ce chiffre, l'hectare de blé aurait donc pris à l'air	1,984 k.	de carbone.
Un hectare de colza, suivant renseignements puisés dans un très-remarquable mémoire de M. Isidore Pierre, de Caen, produit :		
1,270 k. d'huile, contenant carbone	889 k.	
6,654 k. de tiges, tourteaux, etc., cont. carbone.	2,661 60	
Total du carbone	3,550 k. 60	
A cet hectare de colza, on a donné une somme de 10,000 k. fumier, contenant carbone	740	
L'hectare de colza aurait donc pris à l'air	2,810 k.	de carbone.

En admettant pour un moment que le carbone soit exclusivement puisé dans l'atmosphère, voici les chiffres fabuleux auxquels on arrive :

L'hectare de blé demande 1,984 kil. carbone, qui représentent 9 millions de mètres cubes d'air ;

L'hectare de colza demande 2,810 kil. carbone, qui représentent 13 millions de mètres cubes d'air.

Si maintenant on analyse les engrais artificiels, on reconnaît qu'en moyenne ils contiennent 30 0/0 de matière organique, qui représente de 10 à 12 0/0 de carbone. Ces engrais coûtent fort cher, de 20 à 30 fr. les 100 kilog. ; en raison de leur faible richesse en matière utile, le fabricant devrait dire sincèrement au cultivateur qu'il faut pour un hectare de 2 à 3,000 kilog. ; mais pour ne pas l'effrayer par une somme importante à débourser, il lui annonce pompeusement que son engrais est d'une telle énergie, qu'il ne faut que 200, 300 au maximum 500 kilog. par hectare. Le cultivateur alléché se laisse aller à un ruineux bon marché.

On a exploité les engrais artificiels à un autre point de vue. La science a affirmé une grande vérité, le phosphate de chaux, en faible proportion, est indispensable à la végétation ; il en est de même du phosphate ammoniacal magnésien. Je reconnais tous les bienfaits que procure à l'agriculture l'emploi des os, des phosphates de chaux provenant de la fabrication de la gélatine, des phosphates de chaux naturels pulvérisés. Mais peut-être pour fasciner le cultivateur ou pour mieux exploiter ce produit, le phosphate de chaux, on a inventé le superphosphate ou phosphate acide de chaux, que l'on prétend beaucoup plus énergique, probablement parce qu'il est beaucoup plus cher. A quoi peut servir votre phosphate acide de chaux, si vous le répandez sur les prairies ou plantes fourragères, il brûle impitoyablement les plantes en raison de sa grande acidité ; si vous le mélangez à la terre, il est transformé immédiatement en phosphate de chaux ordinaire par le carbonate de chaux que contient toujours le sol. N'est-il pas préférable dans ce cas d'employer du phosphate naturel non modifié ? Il est bon de faire remarquer que la préparation de ce superphosphate entraîne la production de plâtre, substance de bien faible valeur, qui accompagne toujours en proportion notable le phosphate acide vendu à l'agriculture.

Quant aux phosphates ammoniacaux magnésiens, c'est un produit qui n'est pas encore sorti du laboratoire. Une compagnie a essayé d'absorber industriellement l'ammoniaque des fosses d'aisances par le phosphate acide de magnésie. A mon point de vue, elle a eu le grand tort de s'assurer, par un brevet, le monopole de la fabrication de ce phosphate acide, et de faire croire qu'on pouvait chaque jour manœuvrer une fosse d'aisances comme un verre à expérience.

Je le répète, le cultivateur intelligent peut trouver dans sa ferme tous les engrais nécessaires même à une culture intensive.

Il lui faut principalement du carbone et de l'oxygène ; ces deux éléments il les trouve abondamment dans la paille, les débris des végétaux, les déjections des animaux. Pour remplacer le carbone et l'oxygène qu'il porte au marché sous forme de céréales, lait, animaux gras, cidre, alcool, bois, etc., etc., il les trouve dans la marne, carbonate de chaux si répandu dans le sous-sol.

Depuis 1862 j'ai entrepris de démontrer que la marne est un engrais et non un amendement ; je ne crains pas de le dire, j'arriverai à mon but. La science, les faits, la pratique sont là pour me soutenir.

Pour ne pas donner trop d'extension à cet article, je résumerai en quelques mots mes idées à ce sujet et le résultat de mes expériences.

La marne contient :	12	parties	carbone.
	32	—	oxygène.
	56	—	chaux.

De tous les produits, c'est le plus riche en carbone et en oxygène.

Si l'on fait un mélange de paille, ou de feuille, ou de débris de racines, betteraves, carottes, etc., etc., avec de la marne et de l'eau pure, le mélange fermente, et si après fermentation on analyse le liquide, on trouve qu'il contient une dissolution de bicarbonate de chaux. Dans une expérience, avec des débris de racines de betteraves, le produit de bicarbonate est monté à 62 grammes par hectolitre. Si donc on arrose avec ce liquide une plante de blé dans un pot de fleurs, à l'analyse on reconnaît que l'acide carbonique a disparu probablement au profit de la plante. Le carbonate de chaux neutre s'est précipité.

Ce fait me paraît démontrer que les acides faibles qui se développent par la fermentation transforment le carbonate de chaux neutre en bicarbonate de chaux; il se produit là un fait analogue à l'action de l'acide sulfurique sur le phosphate neutre de chaux qu'il transforme en biphosphate. L'acide carbonique faiblement engagé dans sa combinaison est absorbé par les plantes et leur sert de nourriture. Ce fait scientifique se confirme par l'expérience pratique.

Le bicarbonate de chaux existe en dissolution dans toutes les eaux, et je trouve qu'on n'attache pas assez d'importance à ce sel.

Dans les irrigations c'est lui qui alimente les plantes, et ce fait est si vrai, qu'on reconnaît que l'herbe la plus voisine du commencement d'un filet d'eau est aussi la mieux nourrie; elle absorbe à son profit tout l'acide carbonique du bicarbonate, et, comme disent les éclusiers, à mesure que l'eau avance dans une prairie, elle s'use, c'est-à-dire que, comme je l'ai constaté, que l'eau pure à l'extrémité d'une prairie irriguée ne contient plus de bicarbonate de chaux.

Quand le cultivateur s'aperçoit que sa terre diminue de fécondité, il la marne, et dès la première année de marnage il obtient des rendements supérieurs.

Enfin l'usage de la marne stratifiée avec le fumier commence à se répandre dans la Seine-Inférieure, et le résultat obtenu ne laisse aucun doute sur l'efficacité de ce procédé. La marne est donc un engrais, le plus riche en carbone et en oxygène, le meilleur marché, elle est à la portée du cultivateur, toutes conditions qui la rendent bien préférable aux engrais artificiels.

A côté des engrais artificiels, que je n'hésite pas à condamner, il existe des engrais naturels très-recommandables qu'il est désirable de voir rentrer à la ferme: tels sont la matière fécale, le résidu de la fabrication de la gélatine, les débris de poisson, la poudrette.

La matière fécale est d'un transport difficile, les gens de la ferme ont généralement une grande répugnance à en faire usage. C'est pour obvier à cet inconvénient qu'une compagnie, la maison Mosselman, actuellement Renard, a eu l'idée d'enrober la matière avec de la chaux au sortir de la fosse. Cet enrobage a pour but d'absorber une très-grande partie de l'eau de la gadoue, de la rendre imputrescible et de lui donner une odeur qui n'a rien de désagréable. Le produit est en poudre, en sac ou en vrac, d'un facile transport; celui qu'on livre au commerce contient aujourd'hui 2/3 de matière fécale et 1/3 de chaux.

La plus-value donnée par cette opération à la matière fécale permet de propager l'usage des appareils diviseurs qui séparent économiquement, dans la fosse même, le solide de l'urine, appareils qui méritent d'être visités à l'Exposition dans les *water-closet.*

A Paris, une grande quantité de matières fécales trop liquides et de matières organiques, boue, déchet de halle à légumes, se trouvent perdus faute de pouvoir les transporter économiquement à cause de la grande quantité d'eau qu'elles contiennent. La maison Renard, à l'aide d'un puissant appareil, établi à Billancourt, transforme tous ces produits en briques sèches, faciles à expédier. Ces briques sont trempées dans un mélange très-clair d'eau et de plâtre qui, en se desséchant, fournit un enduit solide et protecteur. C'est une industrie naissante qui, bien conduite, pourra avoir beaucoup d'avenir.

Je dois signaler d'une manière spéciale les engrais, débris de poisson, de M. Rohart, chimiste et vice-consul de Suède. Ils figurent dans la galerie des machines, près de la classe 44. En indiquant cette exposition, composée de produits réellement utiles à l'agriculture, mon but est de rendre hommage à l'homme qui, au prix des plus grands sacrifices et en perdant ce que l'on a de plus cher au monde, a ouvert la route des îles Offoden, en Norwége, où la pêche de la morue laisse perdre des produits d'une grande richesse comme engrais.

Pour terminer ce qui a rapport aux matières fertilisantes, je devrais dire quelques mots d'une question capitale, qui est bien de nature à remuer le monde agricole : je veux parler des engrais minéraux ou salins de M. Georges Ville, qui, sans matières organiques, ou autrement dire sans carbone, sans oxygène, prétend obtenir un maximum de rendement effrayant. Je n'ose, je l'avoue, attaquer cette question, parce qu'elle est paradoxale et trop nouvelle. Après l'opinion que j'ai exprimée dans cet article, cette hésitation de ma part paraîtra extraordinaire, et cependant elle a sa raison d'être, parce que je me trouve en présence d'un homme honorable, bon chimiste, professeur, occupant une haute position officielle, toutes circonstances qui inspirent le respect. Je ne puis donc que dire aux cultivateurs : Je ne crois pas, mais attendez. A l'égard de M. Georges Ville, je ne formulerai ici qu'une seule observation : les expériences sont faites trop à huis clos. Dans une question aussi majeure, il ne faut pas se contenter de cours, il faudrait appeler des hommes compétents, consciencieux, pour constater les préparations du sol, les ensemencements, les rendements.

En résumé, les engrais artificiels ne peuvent rendre aucun service à l'agriculture : dans un délai très-court, faute de consommation, ces produits doivent disparaître.

Le cultivateur, mieux éclairé par la science et la pratique, reconnaîtra que, en dehors de la ferme, les engrais préférables sont la matière fécale, la poudrette, les déchets de gélatine, les débris de poissons.

Pour moi j'appelle de tous mes vœux l'époque à laquelle le cultivateur se contentera pour fumier de paille et de marne.

Alimentation des animaux.

Depuis quelques années, le haut prix de la viande de boucherie, la grande valeur des chevaux, tend à transformer l'agriculture en industrie. Dans une ferme on fabrique de la chair de bœuf, des muscles de cheval. Le principal c'est, à l'aide d'une alimentation bien choisie, de livrer la matière fabriquée dans le plus bref délai possible.

Les foins, les trèfles, les gras pâturages, les betteraves, carottes, turneps, sans préparation, donnent de bons résultats, mais avec du temps.

C'est l'impérieuse nécessité d'aller vite, tout en obtenant de bons produits, qui a motivé la création des distilleries, des sucreries. Ces deux industries ont rendu à l'agriculture un immense service. A ces deux points de vue, en développant la culture de la betterave, qui par le sarclage qu'elle exige nettoie le sol avec tant d'énergie, en fournissant pour les animaux une pulpe précieuse, cuite dans le système Champonnois et Leplay, cru mais dépouillé de la plus grande partie d'eau dans la pulpe de sucrerie, ce sont là de précieux aliments qui ont permis de donner une très-grande extension au mobilier vivant de la ferme. C'est grâce à cette alimentation nouvelle que le cultivateur peut avoir plus d'une tête de bétail par hectare.

Mais la distillerie coûte cher à installer, les sucreries sont encore rares; elles ne peuvent en outre s'établir que sur des cours d'eau, loin des plateaux. Ces circonstances empêchent une grande partie de la culture de profiter des bienfaits de ces deux industries. En outre, l'alimentation par la betterave crue offre deux inconvénients : elle force l'animal à absorber par 100 kilog. de betteraves 88 kilog. d'eau de végétation qu'elle contient; en outre, la betterave entière ne peut se conserver que jusqu'au mois de mars.

Il existe deux systèmes d'alimentations qui n'ont pas ces

inconvénients et qui peuvent s'appliquer aux petites et grandes cultures. Ces deux systèmes figurent à l'Exposition.

La première a pour but l'alimentation par la betterave crue. Les plus graves inconvénients qu'elle présente, avons-nous dit, c'est de contenir 88 pour 100 d'eau, et de ne pouvoir se conserver.

Dans le Nord, grâce à l'initiative de M. Correnwinder; dans la Seine-Inférieure, chez M. Burel, cultivateur à Fongueusemare, on coupe les betteraves par tranches, on les mélange soit avec de la paille hachée ou de la silique de colza. On renferme ce mélange bien tassé dans un silo creusé simplement en terre; le silo étant bien couvert, cette pulpe peut se conserver d'une récolte à l'autre. Dans une visite de ferme, nous avons fait ouvrir un silo au mois de juillet, la pulpe était parfaitement conservée, sans perte aucune et d'un excellent goût. Il arrive dans cette circonstance que la paille hachée, la silique de colza, absorbent une partie de l'eau de la betterave, et ne lui en laisse qu'une quantité insuffisante pour l'altérer. C'est ce que démontre les chiffres suivants :

La silique de colza, avant le mélange avec la betterave, contient :

Eau	19
Matières sèches. . .	81
	100

Après cinq mois de séjour dans un silo, la silique de colza mélangée de betteraves contient :

Eau.	76
Matières sèches. . .	24
	100

Un pareil procédé possède les avantages suivants : il ne demande aucune installation, il utilise la silique de colza et la paille, qui, en s'imprégnant du jus de betteraves, deviennent un aliment succulent. Le travail, la manutention, la mise en silo peuvent s'effectuer l'hiver. Enfin le cultivateur peut user de cette ressource suivant ses besoins; il conserve, si ses fourrages sont abondants; il ouvre son silo si la récolte est mauvaise ou insuffisante.

Dans l'exposition agricole du département du Nord, M. Correnwinder a présenté un échantillon de turneps de betteraves conservés par ce procédé. Cet éminent agronome a propagé ce système dans le Nord, parce qu'il l'avait vu mis en usage, sur une très-grande échelle, aux environs de Magdebourg.

Alimentation par les grains germés.

L'alimentation par les grains offre de graves inconvénients si elle se fait à l'aide de grains crus ; tel soin qu'on prenne pour le concassage en raison de la dureté de l'orge, du seigle, il en passe toujours une certaine quantité sans être digérée.

Si l'on fait cuire les grains, on obtient une pâte collante, peu appétissante pour les animaux; cette pâte, en outre, ne tarde pas à s'aigrir, et dans ce cas elle répugne aux animaux.

On peut éviter tous ces inconvénients par l'emploi des grains germés qui offrent cet immense avantage d'être plus nutritifs que les grains crus.

Le principal aliment des grains, c'est le gluten, en première ligne, et la fécule. Ces deux produits sont à l'état insoluble. C'est le travail de la salive, du suc gastrique, de la bile qui le transforme en produit soluble et assimilable. Mais ce travail exige, de la part de l'animal, une certaine dépense. Pourquoi ne pas la lui éviter? Ce serait nécessairement tout profit pour la graisse ou le muscle qu'il est chargé de produire. On arrive à ce but en faisant germer le grain avant de le donner comme nourriture.

La germination a pour but de transformer le gluten insoluble en gluten soluble, et de déterminer la production de la diastase, qui change la fécule insoluble en sucre soluble. Un grain germé, traité par l'eau, à une température de 30 à 40°, se dissout presque complétement. Cette dissolution se fait dans l'animal, sans effort et sans dépense ; elle lui présente, sous forme très-assimilable, le gluten, base de la chair, le sucre qui sert principalement à la respiration.

Pourquoi les chevaux de brasseur et les animaux engraissés avec des résidus de distillerie de grains engraissent-ils si facilement? C'est parce qu'ils sont nourris de produits préparés avec des grains germés contenant encore beaucoup de gluten soluble. C'est encore à ce gluten soluble que la bière doit ses propriétés nutritives si prononcées. La germination des grains peut s'effectuer, soit dans des caves ou celliers frais pavés, soit dans un baquet ou tout autre vase; il suffit de mouiller l'orge ou le seigle avec de l'eau pendant vingt-quatre heures. On laisse égoutter, on étend sur le pavage ou on laisse dans le vase. Après vingt-quatre heures, la germination se déclare; elle dure de deux à trois jours. Pendant la germination, la chaleur se développe avec assez d'intensité; il faut alors changer le grain de place.

Le grain germé peut se conserver au frais pendant huit jours. Il est mou, facile à mastiquer, il a une saveur sucrée qui plaît beaucoup aux animaux. Voilà certainement un procédé bien préférable à la cuisson des grains; il n'exige pas de main-d'œuvre, pas d'emplacement spécial. On peut préparer la nourriture au fur et à mesure des besoins. Mais ce qui le caractérise, c'est cette modification, par la germination, du gluten insoluble en gluten soluble, de la fécule en sucre.

Un spécimen de l'alimentation par les grains germés, figure à l'exposition de l'Angleterre, sous le nom de J. Davis, de Londres, classe 53, n° 3.

Du blé.

Depuis quelques années, le blé, considéré à tous les points de vue, a été l'objet d'études et de travaux fort importants.

En première ligne, il faut citer le mémoire remarquable de M. Isidore Pierre, professeur de chimie et membre de l'Institut. Il a pour titre : *Recherches expérimentales sur le développement du blé et sur la répartition, dans ces différentes parties, des éléments qui le constituent à diverses époques de sa végétation.*

M. Pierre a suivi le blé pour ainsi dire pas à pas depuis la mise du grain en terre. Il a prélevé des échantillons les 11 mai, 3 juin, 22 juin, 6 juillet et 25 juillet, époque de la récolte. Chacun de ces échantillons a été soumis à une rigoureuse analyse, donnant la quantité de :

La matière organique;
L'azote;
La silice, l'oxyde de fer;
L'acide phosphorique, la chaux;
La magnésie, la potasse, la soude.

Ce mémoire, qui deviendrait par trop aride à cause du chiffre des analyses, est admirablement résumé dans des tableaux graphiques où la courbe des lignes indique d'un seul coup d'œil la marche et la production de chaque élément constitutif à différentes époques de la végétation du blé.

Le travail de M. Pierre constitue un rare monument scientifique et pratique, et l'on doit vivement regretter de ne pas voir figurer ce tableau à l'Exposition ; il serait digne d'occuper la plus belle place dans la section agricole.

M. Auzox, de Saint-Aubin-d'Ecrosville, l'imitateur si fidèle, si ingénieux de la nature, possède une exposition hors ligne au point de vue de l'anatomie animale et végétale. Le cheval, le gorille, l'homme, sont des œuvres grandioses qui donnent une idée du haut génie de leur auteur. A côté de ce grand spécimen, se trouve la partie botanique représentée par différentes fleurs. L'on remarque, là surtout, le grain de blé reproduit avec une rare fidélité. Ce grain de blé se brise en trois parties. Une partie, dans le sens de la longueur, laisse voir la disposition des membranes qui recouvrent le grain, les cellules contenant la fécule, la membrane embryonnaire qui est le siége de la transformation de la fécule en sucre, enfin la cavité occupée par le germe ou embryon.

Le grain peut se briser transversalement pour faire voir la disposition circulaire des membranes ou téguments du blé.

Enfin l'embryon, la plante future, peut se détacher de la cavité qu'il occupe. On distingue parfaitement les deux cotylédons, la plumule et la gemmule, rudiment de la feuille et de la racine. Cet embryon se brise en deux, et dans l'intérieur ainsi démasqué, on peut voir la disposition des feuilles et des racines.

Enfin, comme complément de son œuvre, M. Auzox a construit un embryon développé par la germination.

Je le répète, on ne peut être plus exact et plus fidèle.

A côté du blé, nous avons remarqué une plante de mousse avec tous les détails de la structure et du développement de la fleur; c'est un redoutable ennemi de l'agriculture. Les études de M. Auzox, à ce sujet, auront pour grand avantage d'aider à trouver les moyens de l'étouffer.

Dans l'annexe de la classe 43, M. Bidard a exposé un tableau avec figures représentant les différentes phases de la fécondation du blé et surtout la structure de la fleur du blé. Ce tableau est pour ainsi dire les conclusions d'un travail publié sur cet important sujet, conclusions qui peuvent se résumer dans les termes suivants :

La fécondation du blé a lieu à huis clos et instantanément, c'est-à-dire dans l'espace de 80 à 90 secondes.

Les filets des étamines, organes mâles, qui primitivement avaient un millimètre de longueur, s'allongent instantanément au moment de la fécondation et acquièrent 9 millimètres. Cet allongement a pour but de rejeter au dehors ces organes devenus inutiles, ils pendent; c'est alors que le cultivateur dit que le blé est en fleur; c'est une erreur. A ce moment, tout est fini.

L'aliment nécessaire à l'allongement des filets est fourni par deux glandes placées à la base de l'ovaire. Ces glandes sont pleines de suc qui disparaît au moment de la fécondation.

Ce sont là des phénomènes fort curieux qui démontrent que, dans le blé, il n'y a pas d'hybridation possible.

M. Bidard a constaté que ce système de fécondation s'applique à toutes les céréales et à une grande quantité de graminées. Il pense qu'il est indispensable de soumettre le blé à de nouvelles études au point de vue botanique, et que les résultats obtenus amèneront certainement du perfectionnement dans la culture de cette plante si utile à l'alimentation.

Enfin, pour terminer la question du blé, M. Mége-Mouriès expose son système de fabrication du pain qui se résume comme suit :

Dans le procédé de mouture ordinaire on obtient :

Farine blanche	70	donnant du pain blanc.
Farine bise	15	donnant du pain bis.
Déch., son et recoupe . .	15	—
	100	

M. Mége a démontré que la couleur du pain bis était due à un principe particulier, la céréaline, logée dans la partie de la farine la plus rapprochée de l'écorce du blé.

Cette céréaline développe sa propriété de colorer le pain pendant la manutention de la pâte.

M. Mége a également découvert un fait qui constitue le

point le plus remarquable de ses travaux, c'est que la céréaline est détruite par le sel.

Si à 100 kilog. de farine blanche et bise on mélange 500 grammes de sel, on n'obtient que du pain blanc.

Il résulte de ce fait que M. Mége-Mouriès extrait du blé, par la mouture, 85 pour 100 de farine avec lesquels, par son procédé certainement bien simple, il n'obtient que du pain blanc.

Les expériences faites à la boulangerie des hospices et dans différentes boulangeries civiles ont donné des résultats qui ne laissent aucun doute.

Tous les faits que nous venons de signaler démontrent que l'histoire du blé, à tous les points de vue, devient de plus en plus complète. Il y a encore beaucoup à faire, mais heureusement l'élan est donné.

IV

CHIMIE APPLIQUÉE A LA TEINTURE.

Matières colorantes dérivées du goudron.

Dans le courant de ce rapport j'ai signalé comme un fait accompli, d'une immense importance, que le chimiste pouvait, à son gré, modifier toutes les matières organiques et satisfaire ainsi les besoins de l'industrie et de la mode. Ce pouvoir de la science, né d'hier, manifeste toute sa puissance à l'Exposition par les couleurs si vives et si variées dérivées des produits du goudron, produits qui ont pour nom :

Benzine, toluène, xylène, cumène, naphtaline, acide phénique.

La couleur dominante qui résulte des produits du goudron, c'est le rouge (fuchsine, violet d'aniline, rouge de toluène, rouge phénique, rouge naphtalique). Un travail nouveau, de M. Martin Ziegler, publié dans le *Bulletin de la Société industrielle de Mulhouse,* de juillet 1867, démontre que ce rouge existe naturellement dans un mollusque (l'aplysies depilans), connu en France sous le nom vulgaire de lièvre de mer.

Ce mollusque est très-abondamment répandu sur les côtes du Portugal.

La matière colorante est placée dans une vésicule qui se trouve sous les organes de la respiration. Cuvier prétend que l'aplysies depilans fournissait la pourpre des anciens. N'est-il pas remarquable de retrouver cette pourpre dans le violet d'aniline extrait du goudron?

M. Martin Ziegler a préparé industriellement cette matière colorante; suivant ses calculs, tous frais de pêche et d'extraction compris, le prix du kilog. serait de 60 fr.

Couleurs dérivées du goudron.

Si l'on soumet le goudron de houille à l'action de la chaleur on peut en retirer 22 carbures d'hydrogène, 13 composés oxygénés non azotés ou sulfurés et 16 composés azotés.

La distillation bien conduite donne deux produits principaux. Le premier et le plus important constitue un liquide incolore très-limpide, d'une densité moyenne de 0,815 à 0,820 ; il constitue la benzine du commerce.

Le second produit forme ce que l'on appelle les huiles lourdes, d'une densité de 0,860; elles possèdent une couleur jaune clair, une odeur désagréable, et en raison de ces propriétés elles ne sont utilisées que pour la fabrication des huiles à graisser.

M. Coupier, de Poissy, qui possède une exposition remarquable (n° 204, classe 44) au point de vue scientifique et industriel, a fait faire un pas immense à la question des matières colorantes, en soumettant à une distillation fractionnée les premiers produits d'une densité de 0,815 à 0,820. A l'aide d'un appareil spécial il retire des benzines du commerce :

De la benzine pure distillant de 80° à 81°.
Le toluène de 110° à 111°.
Le xylène de 128° à 130°.
Le cumène à 151°.
Le cymène à 175°.

Comme nous allons l'indiquer tout à l'heure, la production des matières colorantes est subordonnée au mélange de chacun de ces carbures d'hydrogène, et la couleur obtenue varie suivant les proportions employées.

Les seuls produits utilisés jusqu'à ce jour, sont :

La benzine. . . . . C^6H^6.
Le toluène . . . . C^7H^8.

Ces deux carbures, traités par l'acide azotique à 40° et à froid, se transforment en :

Nitrobenzine. . . . . $C^6H^5AzO^4$.
Nitrotoluène. . . . . $C^7H^7AzO^4$.

Ils sont connus, dans l'industrie, sous le nom de mirbane ou essence d'amandes amères artificielles, utilisés dans la parfumerie et malheureusement aussi dans la confiserie pour aromatiser les bonbons.

Si l'on remplace les 4 équivalents d'oxygène de la nitrobenzine et du nitrotoluène par 2 équivalents d'hydrogène, on obtient les deux composés qu'il nous importe le plus de connaître :

L'aniline. . . . . C^6H^7Az.
La toluidine . . . . C^7H^9Az.

Cette transformation, cette substitution, s'obtient en traitant la nitrobenzine, le nitrotoluène par l'acide acétique et le zinc. Il se forme dans ce cas de l'hydrogène à l'état naissant qui opère la réaction de substitution dont nous avons parlé plus haut.

Mais l'acide acétique, perdu dans cette préparation, vient grever de son prix assez important les produits auxquels il donne naissance : l'aniline, la toluidine. MM. Coblentz frères (nº 202, classe 44) ont modifié de la manière la plus ingénieuse le procédé de fabrication de ces deux composés.

Ils suppriment complétement l'acide acétique, ils se servent de fonte cuivrée, obtenue en traitant la fonte en grenaille par une dissolution d'un sel de cuivre.

La nitrobenzine-nitrotoluidine mélangée avec cette fonte, donne naissance à un courant électrique qui décompose l'eau; l'hydrogène dégagé ainsi très-économiquement, puisqu'il dérive d'un liquide sans valeur, opère la transformation en aniline et toluidine. L'oxygène oxyde le fer. Quant au cuivre, on peut le retrouver à l'état de sulfate, pour une autre opération, en traitant convenablement le résidu par l'acide sulfurique. Quand on invente de semblables procédés et surtout quand on arrive à les rendre pratiques, on peut porter le nom d'homme utile et chimiste de mérite.

L'aniline, la toluidine bien rectifiées, constituent des bases très-puissantes; elles forment, avec les acides, des sels cristallisables et définis dans leur composition, sels qui sont tous incolores.

L'aniline est un liquide incolore lorsqu'il vient d'être préparé, se colorant facilement au contact de la lumière; elle bout à 182°.

La toluidine, celle de M. Coupier surtout, est solide; elle cristallise comme la naphtaline; son point d'ébullition est fixé à 198°.

Production de matières colorantes.

Les sels d'aniline et de toluidine, mélangés dans des proportions variables et traités par un oxydant, le bichromate de potasse, par exemple, donnent naissance à un sel d'une nouvelle base, qui a reçu le nom de mauveine. Le sulfate d'aniline, traité dans ces conditions, donne le violet d'aniline ou sulfate de mauveine, qui, à l'Exposition, dans la classe 44, est représenté par un magnifique bloc entouré de tissus teints avec ce produit.

Si l'on soumet l'aniline pure à l'action de l'acide arsenique, sous l'influence d'une température de 150 à 160°, on obtient un arséniate sans trace de coloration. Mais si en maintenant les mêmes conditions on opère sur un mélange d'aniline et de toluidine, il se produit une base nouvelle, la rosaniline, plus connue sous le nom de fuschsine, qui, avec les acides acétiques et chlorhydriques surtout, forment une des plus riches couleurs rouges. Cette couleur est devenue, par brevet, la propriété exclusive de la Société la Fuchsine, dont les produits brillent d'un si vif éclat dans la vitrine n° 60, classe 44. Au-dessus du bloc de fuchsine, on remarque surtout un magnifique échantillon de chlorhydrate de rosaniline en aiguilles.

L'aniline seule ne donne pas de rouge. La toluidine pure, au contraire, traitée par un procédé breveté, par M. Coupier, fournit un rouge de toluène qui diffère essentiellement du rouge fuchsine. Ce rouge, reconnu aujourd'hui comme nouveau par les savants et les industriels, est plus riche et donne des teintes beaucoup plus fraîches et plus solides. Les anilines commerciales donnent bien rarement un rendement en fuchsine de 30 0/0. Le rendement de la toluidine en rouge de toluène varie de 40 à 45 0/0.

Le rouge de toluène constitue une base nouvelle que M. Coupier fournit au commerce à l'état de chlorhydrate et d'acétate.

La rosaniline, par sa constitution, se prête très-bien aux phénomènes de substitutions; trois des équivalents d'hydrogène qu'elle contient peuvent être remplacés par des radicaux phenyles, éthyle, méthyle et amyle. Cette substitution s'effectue par des réactions simples qui montrent toute la puissance de la chimie, et qui donnent pour ré-

10

sultats les bleus, violets et vert de rosaniline, bleu de toluidine.

On comprend que l'apparition de couleurs si vives et en même temps si solides était de nature à impressionner le monde scientifique et industriel, et aussi le public consommateur, et cependant rien ne peut décrire l'étonnement général produit par la découverte du noir d'aniline.

Cette découverte est due à Lightfoot. Son procédé, breveté en France, appartient à la maison Muller et Cᵉ, de Bâle.

Le noir d'aniline est encore un composé inconnu ; on sait seulement qu'il dérive de l'aniline par voie d'oxydation ; par sa nature et sa production, il paraît se rapprocher du goudron. Le noir qu'il procure est d'un velouté très-riche.

Les éléments essentiels de sa préparation à imprimer ou à plaquer, pour noir, sont le chlorhydrate d'aniline, le chlorate de potasse, le chlorhydrate d'ammoniaque et le sulfure de cuivre.

La couleur n'existe pas au moment de l'impression, mais elle se développe peu à peu sur le tissu même, dans la chambre d'oxydation, sous la triple influence oxydante du chlorate de potasse, du sulfure de cuivre et de l'oxygène de l'air. Cette influence oxydante, du reste, n'est pas nouvelle ; elle a reçu sa première application pour la couleur cachou.

Bien des difficultés hérissent encore la production du noir d'aniline, et cependant on peut le ranger parmi les couleurs qui ont le plus d'importance pour les fabricants d'indiennes, à cause de sa beauté, de sa solidité et de sa fécondité d'application. Le fait qui parle le plus en sa faveur, c'est qu'on ne connaît aucun dissolvant capable de retirer le noir d'aniline des tissus.

En présence de cette gamme de couleurs extraites exclusivement de deux produits, la benzine et la toluène, couleurs qui, on peut bien le dire, ont bouleversé l'art de la teinture et de l'indienne, on ne doit pas s'étonner que la classe 44 des produits chimiques se compose, en grande partie, de produits dérivés du goudron. Ce fait est surtout saillant en France, en Allemagne et en Suisse. Je ne puis trop le répéter pour les jeunes gens, ils trouveront seulement à l'Exposition tous les sels d'aniline régulièrement, magnifiquement cristallisés, et comme application, ils pourront consulter la section des indiennes de Mulhouse et de Rouen, et comme teintures, la classe 45, où se trouvent indistinctement toutes les couleurs de l'aniline et de la toluidine sur soie, laine et coton.

Matières colorantes dérivées de l'acide phénique.

L'acide phénique est une autre conquête de la chimie sur le goudron, conquête d'autant plus importante qu'elle nous donne un produit doué de deux propriétés remarquables : c'est un antiputride énergique, c'est un composé chimique qui, par substitution ou addition d'éléments, peut fournir des matières colorantes très-appréciées des teinturiers.

L'acide phénique a pour formule $C^{12}H^6O^2$; il existe à l'état naturel dans le goudron de houille. Pure, il est blanc, cristallisé en paillettes ou longues aiguilles, il fond à 34°, il bout à 187°, il attaque fortement la peau, enfin il possède une odeur vive très-caractérisée.

Il est soluble dans l'eau dans la proportion de 5 0/0, très-soluble dans l'alcool.

A l'Exposition, on rencontre cet acide dans toutes les vitrines qui contiennent les produits du goudron, c'est naturellement un produit qui accompagne l'aniline et ses dérivés. Les plus beaux échantillons appartiennent à MM. Desespringalle et Moreau, de Lille (classe 44, n° 121), qui peuvent fournir ce produit à 3 fr. 50 cent. le kilog. En outre, on retrouve cet acide très-pur dans la vitrine de M. Crace Calvert, professeur de chimie à Manchester (classe 44, Angleterre). M. Calvert peut être certainement considéré comme le savant qui a le plus étudié cette question à tous les points de vue; c'est à lui, à ses recherches, que nous devons la pureté de l'acide phénique et son bas prix. Pour les lecteurs qui voudraient connaître à fond l'histoire de ce précieux agent, nous les engageons à consulter l'excellent travail de M. Lemaire et la conférence faite par M. Calvert à la Société d'encouragement, conférence publiée dans le *Moniteur scientifique*, juillet 1867.

L'acide phénique est un antiputride énergique qui agit en détruisant les causes de la putréfaction, mais non en décomposant les produits infects; en d'autres termes, il tue le germe des ferments. On en a obtenu de bons effets dans les cas de maladies épidémique et endémique; la gale, le piétin ne résistent pas à son action, les plaies purulentes sont désinfectées instantanément.

L'industrie a tiré bon profit de cette propriété pour la conservation des bois, pour le transport des peaux fraîches d'Australie, de Montevideo, de Buenos-Ayres; ces peaux et même les os nous arrivaient autrefois salés, et malgré cela dans un état de putréfaction très-avancée. Un simple trempage dans de l'eau phéniquée suffit pour empêcher toute odeur, toute altération. Cette modification a en outre pour but d'éviter le transport du sel tiré du continent, sel rare dans les pays lointains et exclusivement destiné sans profit à la salaison des peaux.

C'est à l'aide de l'acide phénique que l'on a tenté le transport des viandes fraîches de Buenos-Ayres. La chair se conserve assez bien; par la cuisson l'acide phénique se volatilise, il n'en reste plus de trace. Malheureusement, la graisse, qui accompagne toujours la chair, mélangée d'acide phénique, constitue une véritable combinaison que le bouillon le plus intense ne peut pas détruire. La graisse, dans ce cas, conserve toujours une odeur et une saveur d'acide phénique très-prononcée et fort désagréable.

Si l'on traite l'acide phénique par l'acide azotique en excès, on obtient l'acide trinitrophénique ou acide picrique, dont de magnifiques échantillons figurent dans les vitrines de MM. Sellié et Fiever, de Roubaix (classe 44, n° 21); Guinon-Marnas, de Lyon, n° 19; Desespringalle et Moreau, n° 121; Calvert, de Manchester, Angleterre.

L'acide picrique donne, en teinture sur laine, des jaunes variant depuis le serin très-faible jusqu'aux nuances curcuma. Pour l'appliquer d'une manière prompte et économique, il convient d'ajouter au bain de teinture un peu d'acide sulfurique. Ce tour de main, qui n'est pas généralement connu, est très-important, car ce n'est qu'ainsi qu'on arrive à faire tirer facilement les matières textiles et à épuiser les bains.

L'acide picrique pur est vendu 10 fr. le kilog.

Si l'on traite l'acide picrique par le cyanure de potassium, on obtient le grenat soluble appliqué spécialement par M. Chalamel, de Puteaux (classe 45).

Enfin, j'ai expérimenté l'action de l'acide sulfazotique sur l'acide picrique. Le produit qui en résulte, encore mal défini dans sa composition, donne, avec la potasse et l'ammoniaque, une magnifique couleur bleue, malheureusement très-fugace, soluble dans l'eau et impossible à fixer sur les tissus, même mordancés. Il y a là une étude nouvelle à poursuivre qui promet de beaux résultats. La couleur bleue obtenue est d'une vivacité qui rivalise avec le bleu d'aniline.

J'ai parlé d'acide sulfazotique que l'on devrait plutôt appeler sulfate d'acide azoteux, ou cristaux des chambres de plomb. C'est un agent énergique comme oxydant, qui n'est pas assez connu. J'ai obtenu avec lui et l'aniline directement, à la température ordinaire, des rouges d'aniline aussi beaux qu'avec l'acide arsenique. Lorsque le sulfate d'acide azoteux trouvera un emploi, il sera possible de le préparer industriellement et à bas prix.

Pour terminer l'histoire de l'acide phénique, comme colorant, je citerai les divers produits qu'on peut encore en extraire.

La coraline jaune, obtenue en traitant à 160° l'acide sulfophénique par l'acide oxalique. Cette matière donne, sur soie et coton albuminé, de magnifiques colorations orangé ou aurores.

La coraline rouge se prépare en traitant la coraline jaune sous pression par l'ammoniaque.

L'azuline résulte du mélange de coraline jaune et d'aniline chauffée à 180°. C'est une matière colorante bleue à reflets dorés.

Enfin le picrate de potasse sert à charger les bombes destinées à briser les revêtements en fer des navires. Lorsque les projectiles, ainsi préparés, frappent la masse ferrée, l'énorme quantité de force dont ils sont animés se trouve transformée en chaleur, à tel point qu'on voit le boulet porté au rouge. Cette chaleur détermine la décomposition du picrate de potasse et donne lieu à des effets fulminants d'une puissance extraordinaire.

Dérivés colorés de la naphtaline.

La naphtaline n'est pas représentée à l'Exposition. Ce fait est d'autant plus fâcheux que c'est un carbure d'hydrogène extrait du goudron qui présente un très-vif intérêt, surtout à ce point de vue, que par voie de substitution ou d'addition d'éléments on entrevoit la possibilité d'arriver à créer, de toutes pièces, l'alizarine avec la naphtaline. On pourra juger de l'importance de ce produit par le très-court résumé snivant.

La naphtaline se prête à toutes les modifications que subit la benzine sous l'influence des réactifs. Mise en contact avec l'acide azotique, elle produit la binitronaphtaline correspondant à la nitrobenzine. Ce composé, traité par le zinc et l'acide sulfurique à une température de 200°, donne naissance à une matière colorante rouge, qui, par ses propriétés, se rapproche beaucoup de l'alizarine. Ce produit, nouveau colorant, se dissout dans les alcalis caustiques avec une belle couleur bleue pourpre ; elle teint les mordants à la manière de l'alizarine à quelque différence près, seulement les nuances obtenues partent complètement au bain de savon. Ce composé, sur lequel la science n'a pas dit son dernier mot, a reçu le nom d'alizarine de Roussin, son inventeur.

Tannin.

Le tannin se rattache aux matières colorantes d'une manière très-intime. Sa principale source, c'est la noix de galle ; mais la variation de qualité est tellement grande dans ce produit, qu'il est difficile à la simple vue de pouvoir déterminer sa richesse en tannin. MM. Desespringalle et Moreau, de Lille (classe 44, n° 121), exploitent l'extraction du tannin, qu'ils offrent aujourd'hui au commerce à raison de 8 fr. le kilog., ou encore ils se chargent de l'extraction des tannins de la noix de galle à façon, à raison de 5 fr. le kilog. de tannin obtenu et en garantissant 50 0/0 de rendement.

Ces conditions si avantageuses sont motivées par ce fait que MM. Desespringalle et Moreau se servent, pour extraire le tannin, d'éther sulfurique préparé avec ce que l'on appelle la tête et la queue des alcools chez les rectificateurs.

Ces produits, qui, en raison de leur goût, ne jouissent d'aucune faveur dans la consommation, conviennent parfaitement bien pour la préparation de l'éther sulfurique industriel.

C'est avec ce même éther que ces messieurs fabriquent le chloroforme.

En outre, MM. Desespringalle et Moreau, par un procédé

qui leur appartient, sont parvenus à obtenir un tannin presque blanc, très-précieux pour la teinture de la soie.

La production de l'usine en tannin est de 8 à 10,000 kilog. par an.

Dans la classe des produits forestiers, je dois signaler l'exposition de M. Carré-Nepveu, de Rouen : bois de teinture pulvérisés par un nouveau procédé. La poudre, dans ce système, affecte la forme sphérique, ce qui présente ce grand avantage que, dans les bains de teinture, elle ne peut s'attacher sur la laine ni sur le coton.

CHIMIE APPLIQUÉE A L'ÉCLAIRAGE.

L'industrie de la lumière se trouve représentée à l'Exposition par l'acide stéarique, la paraffine, le spermaceti, l'huile de schiste, l'huile de pétrole.

Les produits de l'acide stéarique sont arrivés au dernier degré de perfection, et quand on parcourt les nombreuses vitrines de la classe 44, qui contiennent les bougies, on ne peut constater aucune différence dans les produits des divers fabricants.

L'acide oléique, on le sait, est un des produits de cette industrie ; il sert principalement au graissage des machines, à la fabrication du savon, à l'ensimage des laines.

Il y a quelques mois, cet acide oléique a été le sujet d'une falsification assez importante que je crois devoir signaler.

Des acides oléiques, de provenance anglaise, par suite de marchés importants, ont été livrés sur les différentes places commerciales de France, Belgique et Hollande.

Cet acide avait pour caractère de donner avec la soude et la potasse des savons qui se séparaient en deux parties : une dure, compacte, c'était du savon ordinaire ; une autre partie, au contraire, de nature gélatineuse, sans consistance et de couleur brune. L'examen de ce produit m'a révélé les faits suivants. Cet acide oléique était un mélange d'acide pur et d'huile qui avait servi au graissage des métiers de filatures. Or, j'ai constaté que l'huile d'olive qui a servi au graissage se transforme, comme tous les corps gras, en une substance de nature résinoïde, vulgairement cambouis, qui donne avec la potasse et la soude le caractère indiqué ci-dessus.

En Angleterre, on exploite, sur une très-vaste échelle, l'extraction de l'huile des déchets de laine et coton qui ont servi à essuyer les machines graissées. L'extraction de l'huile se fait par le sulfure de carbone ou la benzine. Il fallait écouler cette marchandise de couleur un peu brune, on ne pouvait la livrer pure, c'est alors qu'on l'a mélangée à l'acide oléique dans la proportion de 30 et même 40 0/0.

Ce produit avait, en outre, un très-grave inconvénient, c'est que, mis en usage pour l'ensimage de la laine, il donnait des taches qui résistaient à l'activité du foulon.

L'huile de schiste est dignement représentée par la maison Coignet, Maréchal et Ce, Darcet, etc. La maison Coignet a surtout donné à cette fabrication une immense extension. Ces industriels exploitent principalement le schiste bitumineux d'Autun, avec lequel ils obtiennent l'huile de schiste d'une densité de 0,810 à 0,820, pour la consommation, et la paraffine, sans rivale dans toute l'Exposition, par sa blancheur et sa transparence. Deux inconvénients se rattachent à la paraffine pure, employée comme bougie, elle est trop fusible; lorsqu'on l'éteint, elle répand une odeur très-désagréable; par des procédés brevetés, MM. Coignet sont arrivés à durcir la paraffine, ou autrement dire, à élever son point de fusion; en outre, ils suppriment l'odeur que je viens de signaler.

MM. Coignet, Maréchal et Ce exploitent, en outre, l'épuration du spermaceti et la distillation des huiles de pétrole brutes. Cette distillation fournit : 1° l'huile de pétrole de 0,800. C'est l'huile du commerce, qui ne donne de vapeur susceptible de donner un mélange détonnant avec l'air qu'à la température de 50° ;

2° L'essence de pétrole de 700 à 720° de densité, qui peut remplacer avantageusement l'essence de térébenthine dans la peinture ;

3° L'éther de pétrole de 650° de densité, nouveau produit qui trouve une grande consommation dans les lampes Mille, dites à gaz.

L'éther de pétrole est un excellent dissolvant du caoutchouc, et sous ce rapport, il remplace très-avantageusement le sulfure de carbone, cause de graves accidents chez les ouvriers soumis à son action.

CONCLUSION.

Je termine ici le travail que m'a confié le comité de l'Exposition de la Seine-Inférieure. Cet exposé, j'en conviens, n'est qu'un très-faible reflet de toutes les merveilles du Champ-de-Mars, au point de vue de la chimie industrielle et agricole. Je crois cependant qu'il aura pour but de fixer l'attention générale sur les immenses progrès de la science appliquée, et surtout de bien démontrer aux jeunes gens que la chimie est une mine inépuisable à exploiter. On y trouve là honneur, profit, considération, satisfaction.

Enfin, avant de clore ce rapport, je tiens à consigner ces paroles si vraies de MM. Dumas et Liebig, qui, résumant leur appréciation sur l'Exposition, ont avancé cette opinion, « que l'agriculture était en retard, comme progrès, d'un quart de siècle sur l'industrie. »

Ceci tient à ce que la science n'est pas assez descendue jusqu'au niveau du cultivateur, elle n'a pas encore pu se faire comprendre complétement, et pour une bonne raison, c'est qu'elle s'est sentie jusqu'alors trop faible pour expliquer les mystères de la création agricole.

Que faut-il donc pour arriver à la solution du problème

de la culture perfectionnée intensive, la seule capable de régénérer l'agriculture en la transformant en industrie ? Il faut, avant tout, l'étude de trois questions de la plus haute importance :

1° Action de la marne, carbonate de chaux, sur les végétaux ;

2° Action de la terre arable sur les engrais, sur les matières salines. Il y a déjà longtemps que l'on a annoncé que l'argile et l'oxyde de fer avaient une très-grande influence sur l'absorption des matières organiques et des sels, et cependant la question n'a pas fait un pas ;

3° Enfin, étudier la puissance alimentaire des plantes agricoles appliquées à l'engraissement rapide.

C'est sur ce terrain de l'expérience que doivent se rencontrer les savants, les agronomes et tous les vrais amis de l'agriculture. Heureux mille fois si mon appel et mes faibles efforts peuvent amener le résultat si utile et si désiré :

Produire beaucoup sur la plus petite surface.

BIDARD.

22 Juin 1867.

CUIRS ET PEAUX

GROUPE V. — CLASSE 46. — GALERIE V.

Parmi les industries françaises qui figurent à l'Exposition de 1867, s'il en est une dont la supériorité sur ses rivales soit incontestable et incontestée, c'est celle des cuirs et peaux, dont les produits nombreux et variés à l'infini attirent tous les regards et laissent à une certaine distance derrière eux la plupart des produits similaires des autres nations, abstraction faite du goût et du charme avec lesquels l'exhibition en a été opérée.

Et pourtant, hâtons-nous de le dire, à ce dernier point de vue, la Commission impériale a fait merveille. Elle a déployé dans les salles françaises un talent de mise en scène et de décoration qui, sans rien ajouter au mérite intrinsèque des objets exposés, donne à tout un attrait qui manque aux expositions étrangères des mêmes articles.

Ni Londres en 1851 et 1862, ni Paris en 1855, ne faisaient pressentir le parti qu'on peut tirer d'objets aussi peu faits pour flatter la vue et produire un ensemble harmonieux. Ici, l'ordre admirable qui a présidé à toute l'Exposition et qui a su grouper dans un même cadre tout ce qui se ressemble, tout ce qui a même origine, cet ordre a également rapproché tout ce qu'il importe à l'homme du métier, au connaisseur, au simple curieux de voir réuni, juxtaposé pour faciliter son examen et ses études comparatives.

Ceci dit, et cet hommage rendu aux organisateurs de cette belle exposition des cuirs, pénétrons dans les salles françaises. La France tient une place assez marquante pour que nous commencions par elle. Nous passerons de là aux expositions étrangères dans l'ordre où nous fera les rencontrer une promenade autour de la galerie dite des produits bruts ou ouvrés.

CUIRS FORTS A SEMELLES.

Peaux indigènes et étrangères.

Le cuir fort à semelles est assez largement représenté au palais du Champ-de-Mars. Paris, Givet, Château-Renault, Rennes, Strasbourg y figurent dans la personne de ceux de leurs fabricants dont la renommée a consacré depuis longtemps la réputation. On doit cependant constater et regretter l'absence de deux centres très-importants de fabrication : Saint-Saens, qui n'a aucun représentant, et Pont-Audemer qui n'en a qu'un, dont le cuir à semelles n'est pas la spécialité.

Notre intention n'est pas d'entrer dans une énumération de tous les exposants de cuirs forts, pas plus que dans un examen détaillé de chaque vitrine. Cela nous conduirait trop loin et sortirait du cadre que nous nous sommes tracé. En dehors des sommités et des supériorités en tous genres que nous nous efforcerons de rencontrer et de signaler quelque part qu'elles se trouvent, un coup d'œil d'ensemble suffira pour nous permettre de constater ce qui constitue cette année, à nos yeux, une amélioration, un progrès réel obtenus, ou même un temps d'arrêt dans la marche de l'industrie.

Quand nous aurons cité avec honneur les noms de

MM. Gallien et Ce, de Longjumeau ; Placide Peltereau Junior, à Château-Renault ; A. et L. Durand frères, à Paris ; les fils de G.-F. Herrenschmidt, à Strasbourg, nous aurons signalé les représentants les plus remarquables, à notre estime, du cuir fort. Tannage complet, finesse de grain, fermeté, couleur de bon augure, tout y est, et l'on ne peut nier qu'il y ait de ce côté un véritable progrès accompli depuis 1855, par ces quatre maisons même. Nous n'oserions en dire autant de Givet, qui n'a pas répondu à notre attente et dont les cuirs, malgré les hauts prix qu'ils obtiennent dans une partie de la France, nous semblent inférieurs, comme tannage, à ce qu'on est en droit d'attendre de fabricants distingués comme ceux que nous rencontrons là.

A côté des quatre noms que nous avons mis en vedette, on pourrait en placer quelques autres que recommandent des produits bien faits et excellents en qualité ; mais il faudrait aussi faire bien des restrictions et exprimer un regret qui ne devrait pas trouver sa place ici, celui de voir, offerts à la vue, des cuirs d'une préparation médiocre et d'un tannage incomplet.

L'excellence du tannage est une condition tellement essentielle et primordiale du cuir, que l'on ne comprend guère qu'on soumette au public des cuirs qui n'aient pas au moins cette qualité indispensable. Quels que soient le procédé ou la matière tannante employés, qu'on nous offre du moins du cuir tanné, et nous discuterons ensuite le plus ou moins de mérite du procédé à l'aide duquel on l'a obtenu.

C'est en raison de l'accomplissement très-satisfaisant de cette condition première que nous nous arrêtons, avec un plaisir mêlé d'étonnement, devant la vitrine de M. J. Alégatière fils, tanneur à Lyon-Vaïse, dont les cuirs tannés au châtaignier, rien qu'au bois de châtaignier, d'après sa déclaration formelle, présentent tous les caractères de tannage, de fermeté, de coup d'œil désirables. Voilà certes une tentative heureusement réussie et un service réel rendu à la tannerie, si la bonté du produit à l'usage vient confirmer ce que l'apparence annonce et semble promettre! — C'est une très-remarquable exposition que celle de M. Alégatière, et très-digne d'un encouragement de premier ordre.

Par le temps qui court de défrichements excessifs de bois de particuliers et de forêts de l'Etat, de diminution d'écorces de chêne, tels que l'état qui en résulte est un danger pour la tannerie française et un objet pour elle de préoccupations constantes (1), c'est un bienfait signalé que l'introduction d'un élement nouveau de tannage, appelé à former un appoint important à la consommation dans certaines régions de la France.

Car il faut noter ici, en passant, que tous les produits signalés jusque-là dans ce travail et tout ce qui sera noté ultérieurement, comme digne d'attention, est tanné à peu près exclusivement à l'aide du tan provenant de l'écorce de chêne. — Il se rencontre bien des spécimens de tannage au cachou, au dividivi, au sumac, à la vallonia, à la térébenthine, à la garrouille, etc., mais avec tous les défauts inhérents aux produits obtenus à l'aide de ces tannifères; et force sera toujours de reconnaître que jusqu'à ce jour, et dans l'état actuel de la science du tanneur, la meilleure matière tannante, au point de vue de la bonté des produits, c'est l'écorce de chêne.

Mais, dira-t-on, l'art du tanneur est-il donc condamné à rester éternellement aux mains de la routine? Ne sortira-t-on jamais de cet empirisme qui veut qu'après une pratique de quatre-vingts ans du système à la jusée, développé par le chimiste Séguin, les procédés, sauf quelques modifications de détail, soient encore à peu près les mêmes, et la longueur des opérations à peine modifiée? Est-il donc impossible d'arriver à un tannage complet, quoique rapide,

(1) Voir l'excellente notice sur ce sujet, publiée en 1866 par M. A. Corneille, tanneur à Fécamp. (Dury, impr à Fécamp.)

qui, en permettant de renouveler les capitaux plus souvent, et par conséquent d'en diminuer la somme employée, abaisserait le prix de revient d'un article de nécessité première, dont la consommation s'étend journellement, etc. ? — Grave question en vérité, et que n'a point encore résolue l'Exposition de 1867.

En effet, arrêtez-vous devant les cuirs fabriqués par les procédés accélérés, tels que les concentrations de jus, l'eau chaude, le tannage à la flotte, etc., et tout homme de bonne foi reconnaîtra, cette fois encore, qu'aucun pas en avant n'a été fait, sous ce rapport, depuis la dernière exhibition. — Peut-être, devant certaine vitrine que nous pourrions citer, constatera-t-on une amélioration dans le tannage et la fermeté des peaux ; mais qu'on le sache bien, cette amélioration est due à un retour gradué et partiel aux anciens procédés, dont l'exposant en question, homme intelligent et chercheur, n'a pu s'empêcher de reconnaître la supériorité.

Loin de nous toute idée de repousser les progrès que la méthode expérimentale peut amener, ou de fermer les yeux à la lumière ; mais, quoique à regret, il nous faut confesser, à l'heure présente, que rien d'heureux, de pratique, de bien réussi n'a été inventé jusqu'à ce jour, pour remplacer ces deux grandes choses : le temps et le tan.

Le jour où la Commission impériale, à la suite de l'Exposition universelle de 1855, déclarait qu'il était encore une fois de plus démontré que : « jusqu'à ce jour, tous les « agents chimiques employés pour remplacer l'écorce de « chêne et diminuer la durée du tannage n'ont pas la « propriété de transformer la gélatine, ni de donner aux « cuirs ces qualités précieuses qui les rendent souples et « durables : que les anciens procédés sont ceux qui don- « nent les meilleurs résultats et doivent être encore con- « servés (1). »

(1) Rapport du jury international, 1855. — Classe X.

Ce jour là, disons-nous, la Commission proclamait une vérité qui n'a pas encore reçu de démenti.

Nous n'en sommes certes plus au temps où le bon roi Henri était obligé de publier un édit contre les tanneurs et mégissiers, qui :

« Commettent de si grandes fraudes et abus à l'appareil « des cuirs à faire des souliers et autres ouvrages, que le « public en souffre grand détriment. — Ce qui n'advien-« drait pas, si lesdits tanneurs et mégissiers laissaient « leur cuir en tan et dans les fosses et plains le temps re-« quis pour le rendre à perfection de bonté (1). »

Un pareil édit serait aujourd'hui un attentat à la liberté du commerce et une entrave aux essais et aux efforts tentés par l'industrie ; mais il n'est pas moins constant que le comité d'admission de la classe 46, à l'Exposition actuelle, a cru devoir déclarer, par la bouche de son président, M. Fauler, « qu'il regrette de ne pouvoir signaler de grands « progrès réalisés depuis douze ans dans l'industrie des « cuirs. — Cette fabrication, ajoute-t-il, comme fiche de « consolation, se prêtant peu aux innovations (2). »

Avant de quitter les cuirs forts, notons ici, et une fois pour toutes, qu'on rencontre auprès d'eux quelques peaux de baleine, d'éléphant, de crocodile, de rhinocéros, d'hippopotame ; mais ces spécimens isolés sont plutôt une curiosité que des objets d'utilité réelle et pratique. Nous ne les mentionnons que pour mémoire.

FRANCE.

Vache en croûte, lissée ; veaux en croûte ; bœuf à œuvre ; articles divers de corroirie, etc.

Si nous nous sommes aussi longuement étendus sur le

(1) Edit de juin 1585.

(2) Note explicative insérée au catalogue général publié par la Commission impériale en tête de la classe 46.

cuir fort et sa fabrication, c'est que presque tout ce que nous en avons dit s'applique également aux autres articles tannés que nous offrent les salles de la section française.

Ici, pour rendre justice à chacun, il faudrait, pour ainsi dire, citer tous les noms des exposants, car il n'est guère de maison représentée qui n'ait au moins un article spécial où elle excelle ; mais comme entrer dans un pareil détail est chose impossible, nous nous bornerons à présenter quelques noms de maisons dont l'exposition, dans son ensemble, offre le plus d'articles hors ligne.

Il nous faut citer une seconde fois M. P. Peltereau, de Château-Renault, dont les vaches lissées sont restées le type du beau et du bon. A côté de lui, MM. Aug. Peltereau, son frère, et Lecorché fils, également de Château-Renault ; Bienvenu, de Tours; Suser, de Nantes; Ad. Varin, de Paris, avec sa vache à capotte refendue ; Bunel frères, de Pont-Audemer, et Fortier-Beaulieu, de Paris, pour leurs belles peaux de cochon, et Légal, de Châteaubriand, pour ses veaux tannés et corroyés.

MM. Lesaulnier frères, successeurs de la maison Budin, nous offrent de superbes spécimens de cheval corroyé. MM. Durand frères ont aussi des échantillons de cheval bien fini. Le même mérite ne se rencontre pas, au même point, dans celui de la maison Reulos, dont l'encollage est mal réussi et la nourriture un peu maigre. C'est une revanche à prendre pour cette maison au nom bien noté.

Mais que dire des expositions de MM. Couillard et Vitet, de Pont-Audemer ; Th. Sueur, Ch. Soyer, Guérin-Laroche, Houette et Ce, Courtois et Ce, de Paris, sinon quelles sont belles, admirables, et que chacune d'elles renferme des articles traités d'une façon supérieure et irréprochable. Vernis pour chaussures, cuirs vernis et non vernis pour la sellerie, la carrosserie et la bourrelerie, courroies pour transmission, veaux cirés, cuirs divers pour articles de voyage, tout y est beau et bien. De pareilles maisons font honneur à une industrie et la placent à une hauteur où elle ne redoute guère la concurrence étrangère.

Ici, nous rencontrons un nom qui appartient à la ville de Rouen et dont l'exposition ne pèche que par des proportions trop restreintes. Il est regrettable pour M. A. Domer que ses solides courroies, ses vaches à cardes et ses veaux à cylindre si soignés soient entassés dans un espace si resserré. M. Domer est de ceux qui n'ont qu'à perdre à ne pouvoir être vus avec facilité et en détail.

Citer Nantes, Milhau et Paris pour les cuirs à empeignes et les tiges, c'est rappeler des produits connus de tous et renommés par leur souplesse et leur résistance. Les tiges à marque C D (Courtopée-Duchesne), fabriquées par MM. A. et L. Durand frères, de Paris, méritent toujours la réputation dont elles jouissent en Angleterre et en Amérique, où il s'en fait une consommation considérable. MM. Courtois et Ce, Ogereau, Massemin et Durand, Marcelot, Landron, de Paris, et Saladin, aussi de Paris, avec ses tiges du poids de 50 grammes, pouvant trouver place dans un étui à 1,000 fr. d'or; Dezaux-Lacour, à Guise, pour ses croupons à empeignes; Suser, à Nantes, pour ses veaux corroyés et cirés; Corneillan frères, à Milhau, pour leurs veaux en huile et cirés, dits de Bordeaux; toutes ces maisons ont des produits remarquables, qui certes rendront difficile la tâche du jury des récompenses.

Tout à côté, et souvent sous la même vitrine, nous trouvons d'autres produits non moins dignes d'attention. Les maroquins de MM. Bayvet frères, de Paris, qui valurent, en 1855, la médaille d'honneur à ces fabricants — *primi inter pares*, — se font, cette fois encore, remarquer par la vivacité et la pureté de leurs couleurs. Leurs maroquins du Levant, leurs chagrinés, leurs peaux de veaux, de moutons, de chèvres, si variés, atteignent un degré de perfection qui font de l'ensemble des produits fabriqués par MM. Bayvet frères une des plus belles expositions qu'on puisse voir.

Les buffles de M. Durand-Journet, les cuirs pour cardes de MM. Poullain frères, à Paris ; les articles similaires de M. G. Paillard, aussi de Paris, justifient la faveur dont ils jouissent. Ce dernier offre des spécimens de courroies doubles et triples pour la marine impériale d'une force et d'une épaisseur énormes.

N'oublions pas les peaux de chevreaux et d'agneaux mégissées pour gants de MM. H. Tracol et Rouveure, d'Annonay ; Bayond, de Grenoble, non plus que les peaux chamoisées brutes, blanches et de couleur de Mme veuve Noirot, de Niort, et plaçons hors ligne les chevaux mégissés de MM. Fortin et Ce, de Paris.

Vernis.

Un article nous reste à examiner que nous avons réservé pour la fin, comme l'un des produits auxquels se reconnaissent l'art, le goût, l'habileté, en un mot tout ce qui constitue la supériorité d'une industrie, c'est le vernis pour chaussures, la sellerie et la carrosserie. D'autres noms honorables viendront se placer dans les expositions étrangères à côté des noms français, mais souvent ce sera pour un produit répondant à un besoin ou à un usage unique. La France, elle, produit le vernis sous toutes ses formes et sous tous ses aspects à un degré de perfection qui lui assure des débouchés par tout l'univers et en fait une de ses brillantes spécialités.

Ici encore il nous faut signaler MM. Couillard et Vitet, de Pont-Audemer, dignes successeurs de MM. Plummer et fils, qui reçurent une médaille d'honneur en 1855 pour la perfection de leurs cuirs vernis pour la sellerie et la carrosserie, et pour avoir, les premiers, introduit en France l'usage de la scie à refendre les peaux en deux, trois et quatres parties. C'est l'usage de cette scie, devenu général aujourd'hui, qui permet au commerce d'utiliser les autres parties du cuir, autrefois sacrifiées, et de les substituer, dans beaucoup de cas, à la toile et au carton, sur lesquels elles l'emportent par la solidité et aussi par le bon marché.

Près d'eux se placent, comme bonté de produits, MM. Soyer, Houette et Ce, Courtois et Ce, Th. Sueur, Leven père et fils et Guérin-Laroche, de Paris.

Cela fait, il ne nous reste plus qu'à constater que si la tannerie française occupe un très-haut rang à l'Exposition universelle de 1867, cela tient beaucoup à l'excellence de son tannage à l'écorce de chêne, pour ce qui est cuir fort, corroirie et articles divers subissant le tannage préalablement à tout autre travail, car le tannage fait le bon cuir à semelles, mais le bon tannage facilite aussi considérablement l'œuvre du corroyeur.

Que le gouvernement ne perde donc pas de vue l'importance de l'écorce de chêne qui fait la richesse d'une des grandes industries du pays, d'une industrie qui met en mouvement chaque année près de 400 millions de francs (1). Que par le reboisement des montagnes et des lieux impropres à l'agriculture, il renouvelle la source d'une matière que les défrichements excessifs, des substitutions d'essences d'arbres d'une venue plus prompte, des empêchements ou des résistances de la part de diverses grandes administrations, tendent à tarir; cela étant, nous sommes assurés de voir encore la France, dans les autres tournois pacifiques du même genre, garder son rang à la tête des plus vaillantes et des plus triomphantes nations.

ÉTRANGER.

Nos considérations générales sur l'industrie des cuirs s'appliquant aussi bien à l'étranger qu'à la France même, et le peu d'importance relative des exhibitions des autres

(1) Th. Lavallée, géographe stat. de la France. — Audiganne, compte rendu au *Moniteur universel* de l'Exposition de 1855. — Aug. Corneille, statistique de l'industrie des cuirs, 1866.

nations nous dispensant d'une énumération qui ne ferait qu'allonger ce travail sans autre résultat que la fatigue pour le lecteur, nous nous contenterons de nous arrêter aux sommités en chaque genre, ou nous nous bornerons à un coup d'œil d'ensemble, lorsqu'une appréciation des individualités saillantes ne paraîtra pas utile.

Angleterre.

L'exposition anglaise des cuirs et peaux est peu abondante cette année. C'est à se demander si, en présence du peu d'avantages, au point de vue de l'exportation, qu'a procurés le traité de commerce à ses fabricants de cuirs, elle a, à moitié, déserté la lice.

Elle ne nous offre, en effet, que quelques spécimens de cuirs forts à semelles. Il est vrai que ces spécimens sont remarquables et que les cuirs *étrangers* de MM. Parker, Sparkes, Evans et Ce, de Bristol, sont d'une épaisseur, d'une fermeté, d'une force qui ont lieu de surprendre. Jamais les procédés français n'arrivent à donner à la peau cet énorme développement. Aussi doit-on dire que si ce tannage, obtenu à l'aide d'ingrédients autres que les nôtres, et qui d'ailleurs paraît complet, donne à l'emploi des résultats satisfaisants, on ne peut qu'admirer de pareils produits.

Les cuirs et peaux de MM. Winter et Masters, de Londres, sont remarquables aux mêmes titres.

Les cuirs émaillés et vernis de M. J. Dixon, de Londres, ainsi que les cuirs de fantaisie, moutons cirés, quadrillés et à divers grains, de MM. Wilson, Walker et Ce, de Leeds, qui obtiennent des couleurs si variées et si pures, sont des produits aussi jolis que bons.

Le Royaume-Uni peut seul offrir des vaches à capotes retendues, d'une étendue considérable, comme celles fort belles que nous trouvons dans l'exposition de M. Boak. — Le vernis en est d'une beauté et d'une qualité qui justifient l'extrême faveur dont jouissent les cuirs vernis anglais pour la sellerie et la carrosserie dans beaucoup de pays. Le froissement ne les écaille ni ne les entame. C'est là à coup sûr une garantie de résistance et de solidité.

Les courroies de MM. Webb et fils sont aussi telles qu'on doit s'attendre à les trouver dans un pays où la mécanique en fait un usage si considérable.

Belgique.

La réputation des cuirs et peaux belges est depuis longtemps établie et repose sur des qualités sérieuses, que tout visiteur attentif leur reconnaîtra encore cette année. Nous retrouvons au premier rang, comme à l'Exposition précédente, MM. P. d'Ancré, de Louvain, et Massange de Stavelot, A. Bouvy, de Liége, dont les cuirs forts et le lissé attestent un tannage pratiqué avec grand soin et avec cette lenteur dont la Belgique en général ne s'est pas encore départie.

Citons encore MM. Mayer, Hartogs et Quitmann, de Bruxelles, pour leurs vernis et leurs maroquins.

Prusse et Etats du nord de l'Allemagne.

La Prusse, à l'Exposition de Paris, comme dans la politique, s'est taillé une large place, et l'on doit applaudir aux efforts de ses fabricants qui se sont inscrits en grand nombre. Le cuir fort y est abondant, mais en général dur, sec et cassant, quand, en outre, il n'est pas d'un tannage complet. La maison Lietzmann, de Prüm, expose des peaux d'Amérique pour semelles à différents points de tannage (c'est elle qui le déclare); pourquoi n'en expose-t-elle pas d'entièrement tannées? — Cette absence de produits achevés autorise à se demander s'il serait bien aisé, pour elle, de rendre parfait le tannage d'un cuir arrivé déjà à ce degré de roideur, de dureté et d'imperméabilité au tanin? Si nous prenons ce fabricant à partie, c'est qu'à nos yeux il est vraiment le représentant typique du genre de fabrication prussienne, genre qui n'a pas notre approbation.

En Prusse, comme partout ailleurs, la courroie en général, collée, cousue, rivée ou vissée, paraît bien faite et bien préparée. Dans toutes les vitrines elle a un air de parenté qui n'existe pas au même point pour les autres objets exposés.

Les peaux de moutons, de chèvres, les veaux, dans leurs diverses préparations, laissent à désirer et ne peuvent pas soutenir la comparaison avec les peaux similaires françaises.

Mais il est une maison de Mayence (Hesse), MM. Mayer, Michel et Deninger, dont les produits extrêmement variés ont une importance, un fini, un mérite intrinsèque qui saute aux yeux et qui s'impose. Voilà qui est réellement beau! Ses peaux de veaux de toutes couleurs, ses maroquins pour meubles, véritables trompe-l'œil qu'il faut toucher pour ne pas les confondre avec les plus moelleuses et les plus chatoyantes étoffes, ses cuirs et peaux pour la sellerie, ses vernis divers, constituent un ensemble hors ligne qui appelle aussi une récompense hors ligne. Déjà, en 1855, cette très-importante maison avait obtenu une médaille d'honneur. Certes elle est loin d'avoir démérité depuis cette époque si glorieuse pour elle.

La Bavière, dans une exhibition assez restreinte, nous présente deux articles sur lesquels nous appelons une attention toute particulière. Ses courroies de toutes longueurs, sans couture, sans rivets, sans jonction apparente, sans aucune trace visible ni appréciable du point de réunion des peaux, sont un objet de surprise pour tout le monde, et le résultat d'un étonnant procédé. La résistance en est-elle parfaite, l'usage en est-il bon? C'est ce que nous ignorons. Nous aimerions à voir ces courroies essayées concurremment avec d'autres, établies d'après la méthode généralement adoptée, et soumises à l'action d'une machine dynanomètrique. Enfin, telles qu'elles sont, et malgré certains défauts de nourriture et d'encollage, elles sont aussi curieuses que dignes d'encouragement, et nous ne doutons pas qu'elles mettront en lumière le nom de M. Eschenlohr, de Munich.

Quant aux peaux mégissées que nous apercevons à quelques pas de là, ce sont, à notre avis, des produits tout à fait exceptionnels, et que nous n'hésiterions pas à placer au premier rang, même en regard des peaux françaises. Si la mégie est d'invention francaise, on peut dire que la Bavière se l'est appropriée pour la porter à un haut point de perfection, et que M. Schwarzmann n'a pas de rivaux à redouter.

Autriche.

Tous les genres de cuirs et peaux sont représentés dans l'exposition de l'Autriche. — Quelques-uns le sont avec succès, le plus grand nombre d'une manière assez ordinaire. MM. Pollak, Maurice et Pollak fils, de Vienne; Cerwenka, de Chrudim, ont de bons cuirs à semelles, d'un tannage qu'on ne peut que louer; mais nous regrettons de ne trouver à aucune de ces peaux cette élasticité, cette souplesse, cette flexibilité qui forment la qualité dominante du cuir sur toutes les matières qu'on a essayé de lui substituer et qui en rendent l'emploi facile et avantageux pour tous les usages.

MM. Suess et fils, de Sechshauss, ont des vernis réussis, des peaux de moutons et de veaux bien travaillées; M. Eckstein, de Lieben, donne aussi beaucoup de soin à ses peaux pour ganterie.

Suisse.

De bons fabricants de cuirs forts, que nous avions déjà distingués ailleurs, se retrouvent ici avec des produits bien faits; ce sont MM. J. Wunderly, de Zurich, et Raichlen, de

Genève. — De très-beaux échantillons de veaux cirés de M. Mercier, de Lausanne, méritent aussi de ne pas être oubliés.

Espagne.

Une gentille exposition, faite avec goût, et ayant un cachet presque français, c'est celle de l'Espagne. Deux noms nous frappent d'abord, les noms de deux fabricants de peaux et cuirs vernis, MM. P. Vignaux, de Barcelone, et F. Delrieu, de Madrid, que nous soupçonnons fort d'appartenir, par la naissance, à notre belle patrie. Leurs produits, ceux du premier surtout, nous ont paru sortir de la moyenne de fabrication du vernis, laquelle, d'ailleurs, a progressé partout depuis quelques années.

Les cuirs à semelles sont casés à une hauteur du sol qui en rend l'examen très-difficile, sinon impossible.

Danemark, Suède, Norwége.

Quelques mots seulement à propos de ces trois contrées, qui n'aguère encore étaient entièrement tributaires de l'Angleterre et surtout de la France pour tout ce qui était cuir, et qui aujourd'hui, grâce à des efforts persévérants, sont arrivées à des résultats déjà satisfaisants. Ce sont surtout les articles de courroie qui témoignent d'un certain progrès. Les cuirs noirs, les basanes, les cuirs à carde sont assez bien traités.

Russie.

En pénétrant dans l'exposition russe, nous sommes prévenus de la présence des cuirs et peaux, par l'odeur légèrement empyreumatique, mais agréable, qui se dégage du youft rouge, dit cuir de Russie. Chacun sait que cette odeur particulière, — *sui generis*, — est due à l'imprégnation des peaux de vaches et quelquefois de veaux qui servent à le confectionner, par l'huile de bouleau, appelée aussi huile de

Russie. Nous trouvons ici de beaux et nombreux spécimens de youft, quoique la couleur rouge dont il est enduit ne possède pas la régularité désirable. — Aujourd'hui, la France et l'Angleterre fabriquent aussi ce cuir, dont la gaînerie fait un emploi considérable. Les articles de corroirie sont assez abondants, mais sans possibilité pour eux de rivaliser avec les mêmes articles fabriqués en France.

Italie.

Les nombreux procédés de tannage essayés en Italie, s'ils ne donnent pas toujours des résultats satisfaisants, méritent au moins l'attention et les encouragements de ceux qui s'intéressent aux progrès de l'industrie du cuir. — On peut voir là des spécimens de cuirs faits à l'aide d'ingrédients très-variés, employés isolément ou dans un mélange dont les proportions varient suivant les fabricants. Quelques-uns de ces essais réclament du jury international un encouragement, une récompense que méritent les auteurs de ces tentatives pour leur esprit d'initiative, plus peut-être encore que pour les succès obtenus.

Turquie.

Quand nous aurons cité les maroquins, qui sont en très-grande quantité à l'exposition de Turquie, nous aurons nommé le plus remarquable de ses produits. C'est la spécialité par excellence de ce pays-là. — Aussi, à part la flexibilité qui manque encore à bon nombre de ces maroquins, on peut dire que l'ensemble est généralement assez bon. Les peaux de couleur ne sont ni bien ni mal.

Etats-Unis.

L'exposition des Etats-Unis ne nous donne qu'une idée bien restreinte de son industrie des cuirs et peaux. Cinq à six fabricants ont répondu à l'appel de la France, et parmi eux encore faut-il compter le tanneur qui a envoyé une peau de crocodile destinée à la cordonnerie. Or, nous avons déclaré que nous prenions en médiocre considération ces produits aussi excentriques qu'inutiles. — La bande de cuir tannée au hamelock n'est guère faite pour inspirer le regret de ne pas voir cet ingrédient de tannage introduit parmi nous. Quelques échantillons de veaux pour rouleaux de filature sont à peu près tout ce que l'art du corroyeur a envoyé à l'appréciation du jury. Il convient pourtant de ne pas passer sous silence les cuirs pour marteaux de piano, de M. Meyer, de New-Jersey, auxquels un rebroussage bien fait donne un moelleux et une souplesse remarquables.

Nous voilà arrivés au terme de notre excursion et de notre travail. Nous aurions voulu, pour ceux qui ont eu la patience de nous suivre, le faire infiniment plus court : nous ne l'avons pu, dans le désir qui nous animait de présenter, tel que nous le voyions, l'état d'avancement de l'industrie qui nous occupe, chez toutes les nations, à l'heure actuelle, heure solennelle s'il en fût jamais.

De cet examen, il ne doit, pensons-nous, ressortir qu'une conviction pour les esprits impartiaux, c'est que la France occupe au palais du Champ-de-Mars une place enviable pour tous, et que si elle rencontre des rivaux sérieux dans plusieurs branches de l'industrie des cuirs et peaux, elle n'a à redouter aucune concurrence désastreuse sur aucun grand marché commercial, pour l'ensemble de sa fabrication.

Félix Lefebvre.
E. Drouet fils.

25 Mai 1867.

INSTRUMENTS AGRICOLES

GROUPE VI. — CLASSES 48-50. — GALERIE VI, ANNEXES ET PARC DU CHAMP-DE-MARS ET ILE DE BILLANCOURT.

La partie agricole de l'Exposition universelle dont nous avons spécialement à rendre compte, c'est-à-dire celle concernant les instruments et machines agricoles divers, donne lieu de regretter, comme l'on a été amené à le faire en ce qui concerne les produits agricoles et surtout les bestiaux, la mesure qui a eu pour conséquence, en établissant une annexe de l'exposition agricole à Billancourt, de lui donner une durée égale à celle de l'exposition du Champ-de-Mars, en échelonnant de périodes en périodes plus ou moins rapprochées les expériences diverses des instruments, comme on l'a fait pour l'exposition et la vente des différentes catégories de bestiaux et animaux de basse-cour.

Il nous semble qu'il eût été préférable, sous ce rapport, de suivre l'exemple de l'Angleterre, lors de sa dernière Exposition universelle, et de réduire à une quinzaine de jours au plus la durée de l'exposition annexe de Billancourt.

Tous auraient gagné à cette limitation de durée, producteurs, constructeurs et acquéreurs. En choisissant, pour cette exposition supplémentaire, l'époque la plus favorable, on eût réuni à un même moment acquéreurs et vendeurs, et très-certainement les transactions eussent été et plus importantes et plus avantageuses qu'elles ne peuvent l'être dans le système adopté.

Dans ce système, en effet, les instruments seuls étant en exhibition permanente et une catégorie seulement de bestiaux s'y trouvant réunie à certains jours donnés, le même intérêt n'existe plus pour le public agricole auquel on eût dû surtout chercher à faciliter l'étude et l'examen simultanés de toutes les branches de l'exposition agricole.

La combinaison adoptée rend très-difficile l'étude pratique des diverses machines agricoles et surtout des instruments destinés à la culture du sol dont les expériences sont très-irrégulièrement faites, ce qui n'aurait pas eu lieu avec une exposition de huit à quinze jours.

C'est ainsi que nous nous sommes rendus à Billancourt pour voir fonctionner divers instruments figurant à l'exposition du Champ-de-Mars; mais ces instruments n'étaient pas en activité ce jour, bien que l'indication de leur expérimentation fût indiquée sur les similaires figurant au Champ-de-Mars.

Quant aux expériences des instruments aratoires, il ne paraissait pas y en avoir eu de faites depuis l'essai des charrues, qui a eu lieu en avril, c'est-à-dire depuis deux mois.

Beaucoup de déceptions pour les visiteurs spéciaux sont la conséquence de cet état de choses, et il s'ensuit nécessairement que le but cherché par la création de l'annexe de Billancourt n'a pas été complétement atteint.

L'exposition agricole, envisagée au point de vue des instruments, est-elle plus favorisée au Champ-de-Mars? Tel n'est pas notre avis. Éparpillée dans la partie nord-est de l'enceinte et dans de nombreuses annexes disséminées dans les différentes parties du parc, cette exposition présente de grandes difficultés pour une étude comparative, et il est très-regrettable que cette classe de l'Exposition n'ait point pu être disposée avec plus d'ensemble.

Après ces observations générales nous allons jeter un coup d'œil rapide sur l'exposition des instruments et machines agricoles, en commençant par les annexes adossées aux limites est et nord du Champ-de-Mars.

Nous devons reconnaître tout d'abord que l'Angleterre et l'Irlande sont très-convenablement représentées par une nombreuse réunion d'instruments et machines de choix exposés par les principaux constructeurs du Royaume-Uni, parmi lesquels nous citerons les maisons Garrett, Howard, Hornsby, Fowler, Clayton, Ransomes et Sims, Shuttleworth, Ashby, Underhill, Nicholson, Walker, Bobcy et Ce, Smith, Barrett Exall et Andrews, etc., etc.

En général, les fabricants anglais se font remarquer par la précision et le soin qu'ils apportent dans l'exécution de leurs machines et dans tous les détails de leur construction. Leurs machines sont en outre polies, peintes, vernies et ont un aspect qui séduit l'œil et qu'on ne retrouve pas aussi généralement ni au même degré dans les machines françaises, qui ont une apparence plus rustique, bien que quelques-uns de nos constructeurs aient cherché à imiter, sous ce rapport, nos voisins d'outre-Manche.

Ce luxe dans la construction n'influe certainement en rien sur le mérite des instruments ; mais il en est autrement de la précision apportée dans les divers détails de leur construction par les principales maisons anglaises. Il faut avoir visité, comme nous avons pu le faire en 1862, un des nombreux établissements de construction de machines agricoles en Angleterre pour se faire une idée de cette précision. En ce qui concerne les charrues, par exemple, aucune pièce importante et qui peut avoir une influence sur le bon travail de l'instrument ne passe à l'atelier de montage avant d'avoir été vérifiée par un ingénieur spécial. C'est surtout pour la construction des socs et versoirs de charrues que cette précision est rigoureusement suivie. — Ce n'est pas tout; lorsque la charrue est définitivement montée, elle repasse encore, avant d'être livrée, à un atelier spécial de révision où elle est adaptée sur une forme qui permet d'apprécier le degré de précision des différentes parties de l'instrument.

Pour donner une idée de l'importance des établissements de construction en Angleterre, il suffit de dire qu'il y a presque continuellement cinq mille charrues en construction dans les établissements de premier ordre, qui sont nombreux, et ce ne sont pas les seuls instruments et machines qui y soient construits. On y fabrique également des locomobiles à vapeur, des sacrificateurs et extirpateurs, des herses et rouleaux de tous genres, des faneuses et râteleuses, des laveuses mécaniques, des machines à battre, des hache-pailles et concasseurs, parfois des machines à moissonner, etc., etc.

En nous reportant soit à la dernière Exposition universelle agricole qui a eu lieu à Paris en 1855, soit à celle ouverte en 1862 à Londres, nous devons dire que nous ne voyons pas qu'il soit apparu, depuis, de nombreux instruments nouveaux de quelque importance, ni même qu'il ait été apporté aux machines agricoles d'alors des perfectionnements très-sérieux.

La plupart des maisons anglaises qui ont exposé au Champ-de-Mars ont également une exposition spéciale à Billancourt.

Toutes les machines à battre anglaises, et elles sont nombreuses à l'Exposition, sont construites à peu près sur le même modèle. Toutes elles sont à chasse-paille ascendant composé de châssis indépendants et animés d'un mouvement alternatif de va-et-vient contrarié, qui facilite le dégagement de la paille et la séparation du grain. — Ce système figurait déjà à l'Exposition de 1855, et surtout à celle de 1862.

Presque toutes ces machines comportent un organe nouveau; c'est un crible cylindrique en tôle percée ou en fil de fer ou de laiton pour séparer le blé en différentes qualités. Ce crible est muni à l'intérieur d'une hélice qui assure le dégagement du grain sans qu'il soit nécessaire de donner d'inclinaison au crible. Extérieurement, ce crible est mis en contact avec une brosse en acier qui l'embrasse dans toute sa longueur, et destinée à dégager les interstices que présente ce crible des grains qui pourraient s'y trouver arrêtés. C'est là une addition récente aux machines à battre qui a de l'avantage, puisqu'elle permet d'avoir de premier jet un blé prêt à être porté au marché.

M. Hornsby de Grantham ajoute à certaines de ses machines à battre un appareil destiné à hacher la paille. Cette addition a plus sa raison d'être en Angleterre, où l'usage des pailles et fourrages hachés est très-répandu, qu'en France, où ce système d'alimentation n'a pu encore passer dans la pratique, malgré les nombreuses tentatives faites à ce sujet, mais toutes restées sans résultat satisfaisant.

Enfin, certaines machines sont pourvues d'un élévateur, pour transporter la paille de la machine à la meule où elle doit être emmagasinée. C'est encore là un organe spécial à l'Angleterre, où l'usage est de mettre les pailles comme les fourrages exclusivement en meules.

Parmi les principaux instruments de l'exposition anglaise nous signalerons :

Les faneuses et râteleuses de Nicholson, Ashby, Hornsby, Ransomes et Sims, etc.; les semoirs de Smith, Garrett, etc., et particulièrement un semoir à poquets et à plusieurs rangs, très-ingénieux, de John Freer et Ce, semant à la fois 4 rayons sur 1 mètre de largeur;

Une couveuse artificielle de Shrœder, du prix de 450 fr., rendue à Paris;

Les concasseurs, hache-pailles et coupe-racines de MM. Hornsby, Thomas Pheen, Ransomes et Sims, Bentall, etc.;

Les rouleaux de toute nature des différents constructeurs et notamment un système de rouleau à trois corps détachés, exposé à Billancourt par M. Howard, et se remplissant d'eau à volonté pour régler la pression sur le sol ;

Les locomobiles à vapeur des maisons Ransomes et Sims, Hornsby, Garrett, Marshall et Sons, Howard, Fowler, Robey et Cᵉ, Wallis, Walker, Underhill, Bentall, Barrett ;

Les locomotives routières de Ransomes et Sims, Garrett, Howard ; celles à deux vitesses, d'Aveling et Porter, de Rochester ;

Les charrues à vapeur de Fowler et d'Howard, qui ne paraissent pas avoir subi de modifications importantes depuis l'Exposition universelle de 1861, en Angleterre ;

Les charrues diverses de Hornsby, de Ransomes et Sims, et particulièrement la charrue à tourne-oreille de ces derniers constructeurs, dite système Skelton, qui présente, pour la manœuvre du double versoir, une disposition très-ingénieuse ;

La charrue sous-sol archimédienne, de Beauclerck, construite par Ransomes et Sims et qui a pour objet la pulvérisation du sous-sol plus complète que ne la font les charrues sous-sol ordinaires, résultat obtenu au moyen d'un axe attaché au soc de la charrue par deux paliers et portant trois dents héliçoïdales en acier qui servent, par leur mouvement de rotation automatique, à la pulvérisation du sol ;

Les houes à cheval de Ramsomes et Sims, Hornsby, Bentall, Garrett, etc. ;

Un tarare à nettoyer les grains de Smith Kettering, de Northampton Shire, muni d'un système d'agitateur très-énergique ;

Les moissonneuses Samuelson, Hornsby, à râteau automatique faisant la javelle ;

Une barratte très-simple, dite atmosphérique, système Clifton, à l'aide de laquelle on extrait le beurre du lait frais en 10 minutes, et de la crème en 3 à 5 minutes, et qui repose sur l'ancien système de barratte à agitateur vertical avec disposition spéciale et nouvelle pour faciliter l'action de l'air qui accélère l'opération ;

Divers spécimens de pompes rotatives, à force centrifuge, dont certaines d'une grande puissance.

Dans l'annexe spéciale aux Etats-Unis, nous avons surtout remarqué les instruments de pesage de Fair Banck ; plusieurs moissonneuses et faucheuses de Mac Cormick et de Wood, la première à râteau automatique ; des locomobiles à vapeur de bonne construction et différents spécimens de charrues.

Nous nous sommes arrêtés, dans l'annexe suisse, sur un manége locomobile, nous rappelant exactement le système déjà mis en pratique, dès 1859, par la maison Duvoir, de Liancourt ; sur des araires et des charrues à avant-train de très-bonne construction, une très-bonne charrue tourne-oreille, une charrue à double effet, munie à l'arrière d'une fouilleuse, des hache-pailles et un foudre de 500 hectolitres, du prix de 3,500 francs.

En parcourant la maison Russe, notre attention s'est portée sur une moisonneuse à râteau automatique construite solidement, mais très-simplement et sans ce luxe qu'on trouve dans les machines similaires anglaises.

Une machine à moissonner de même genre, c'est-à-dire à râteau automatique, fait partie de la collection variée que renferme le pavillon espagnol.

L'annexe belge mérite d'être signalée par l'importance des instruments et machines agricoles qu'elle renferme. On y remarque, outre une très-bonne série d'instruments destinés à la culture du sol, différents genres de semoirs, des locomobiles à vapeur et de très-importantes machines à teiller soit le lin, soit le chanvre.

L'exposition agricole autrichienne paraît exclusivement renfermée dans la galerie des machines. On y distingue un semoir à baril et à un seul soc, d'une construction trop compliquée ; une série d'araires et de charrues à doubles roues régulatrices, à bâtis de bois, de bonne construction, et dont le versoir, organe le plus important dans la charrue, a une forme très-normale.

La Bohême est représentée par la fabrique de MM. Borrosck et Eichmann, à Prague, qui n'a exposé dans la galerie des machines qu'un nombre restreint d'instruments, mais dont l'importance est révélée par un tableau des nombreux instruments qui sont construits dans cet établissement, et qui ne s'élèvent pas à moins de cent genres différents.

L'exposition agricole de la Prusse, dans son annexe spéciale, mérite une attention particulière. Elle comprend de nombreuses charrues, les unes en fer, les autres à bâtis de bois, le plus généralement à avant-train et d'un prix très-modéré, comparé à celui des charrues anglaises. Ces prix varient de 41 fr. à 77 fr., suivant le genre de l'instrument. Une charrue à deux corps et à avant-train, le tout en fer, n'est cotée qu'à 90 fr.

Parmi les charrues prussiennes, nous mentionnerons tout particulièrement un nouveau système exposé par la maison Eckert, de Berlin. Cette charrue est sans semelle, et cet organe est remplacé par une roue glissière qui a pour but de diminuer la force de traction en transformant en *frottement roulant* le *frottement par glissement* qui se produit avec la semelle ordinaire.

Cette roue glissière est mise dans la position qu'elle doit occuper par un levier dont le soulèvement ou l'abaissement donne également la possibilité de déterminer l'entrure du soc. Ce levier peut être mis dans une situation telle que le corps de la charrue soit complétement relevé, ce qui facilite le transport de l'instrument sur les routes. Cette charrue est du prix de 75 fr.

L'exposition prussienne comprend encore une machine à

battre, système anglais; une teilleuse à lin, une machine à broyer le chanvre, d'une construction très-ingénieuse; une fort belle machine à faire les briques et tuyaux de drainage à deux têtes et chariot; enfin une petite moissonneuse à bras d'une disposition toute particulière et que nous regrettons de n'avoir pu voir fonctionner pour en apprécier le mérite réel.

Si nous passons à l'exposition agricole française, nous voyons dans l'annexe, en première ligne, la maison Albaret, ancienne maison Duvoir, de Liancourt, qui, outre une exposition de luxe composée d'une machine à battre fixe, de divers concasseurs et coupe-racines, de machines à vapeur horizontales et d'une moissonneuse figurant dans la grande galerie des machines, a exposé dans l'annexe française du Champ-de-Mars deux machines à battre, l'une portative, l'autre fixe; une batteuse de trèfle, battant et vannant la graine; une machine locomobile horizontale, une machine à moissonner et une série d'instruments d'intérieur de ferme.

Nous y remarquons aussi la maison Gérard, de Vierzon, avec ses excellentes machines à battre et ses locomobiles à vapeur.

La maison Damey, de Dôle, qui a exposé une série de machines à battre dont une destinée à la petite culture, est fondée sur un système tout particulier que nous aurions eu besoin de voir fonctionner pour l'apprécier, et plusieurs locomobiles à vapeur.

La maison Cumming, d'Orléans, qui, dans une annexe qui lui est particulière, a exposé la série de ses excellentes machines à battre et des locomobiles destinées à les mettre en mouvement.

La broyeuse de lin, de M. Limare, de Fécamp; sa charrue à plusieurs socs, et la machine à battre du même constructeur.

Enfin dans le parc, et à l'air libre, nous avons remarqué,

au milieu d'une foule d'instruments plus spécialement destinés à la culture du sol, une locomotive routière mixte, système Larmenjat, de construction très-légère; une autre locomotive routière très-bien établie, de Lotz, de Nantes, celle de la maison Albaret.

La maison Renaud, de Nantes, a exposé, sous tente, une locomobile, une machine à battre en long, une machine à vapeur horizontale, une moissonneuse et une faneuse de bonne construction.

Nous mentionnerons encore, comme de bons instruments, la moissonneuse Mazier, de Laigle, celle de Lotz, et les machines à battre de ce dernier constructeur.

Dans l'annexe française affectée à la mécanique générale et longeant l'avenue de la Bourdonnaye, on remarque de très-bonnes locomobiles à vapeur de MM. Gonin, Gargan et Ce, Calla, Warral, Derosne et Cail, Martin et Calleron, Bouffet, Belleville et Ce, de Paris; Vorrez, de Nantes; Decauville, de Petit-Bourg; Molard, de Lunéville. Notre attention a été surtout attirée dans cette galerie sur la locomobile de la maison Belleville et Ce, au point de vue agricole. Cette locomobile est remarquable par son petit volume. Bien que de cinq chevaux de force nominale, elle est montée seulement sur deux roues. Elle n'a pas plus d'un mètre de longueur, présente une surface de grille de $0^{m}26$ et une surface de chauffe de $5^{m}26$. Le poids total de la machine, eau comprise, est de 1,480 kil.; celui des roues et des brancards est de 250 kil.

En examinant l'exposition suisse, nous avons mentionné un foudre de 500 hectolitres. Un plus monstrueux encore, puisqu'il contient 2,100 hectolitres, est exposé par la France dans le parc (quart. allemand).

Avant de quitter le Champ-de-Mars, nous devons encore signaler, dans la grande galerie des machines, la série d'instruments exposés par M. Mexmoiron-Dombasle, de Roville, dans lesquels on reconnaît les saines traditions de l'ancien directeur de Roville; et, dans le parc, les instruments divers exposés par l'école de Grignon qui méritent une attention toute particulière.

Si du Champ-de-Mars nous nous transportons à Billancourt, nous retrouvons la reproduction de la plupart des instruments déjà énumérés et dont une partie est disposée pour l'expérimentation, du moins en ce qui concerne les instruments d'intérieur de ferme.

Malheureusement, dans notre visite à Billancourt, nous n'avons pu voir les diverses machines en mouvement. — L'heure des expériences avait été, paraît-il, devancée par la visite matinale du vice-roi d'Egypte, et nous n'en avons pu examiner qu'un nombre très-restreint en marche.

Les principaux constructeurs anglais et français sont représentés à Billancourt.

Dans la partie dite *champ d'expériences*, on remarque en plein air, et sans aucun abri, une série d'instruments destinés à la culture du sol et des différentes contrées de la France. Ces instruments sont parfois d'une construction qui laisse beaucoup à désirer, et il ne nous en est apparu aucun réellement remarquable.

La plus originale d'entre les nombreuses charrues faisant partie de cette section de l'Exposition, est une charrue dont le versoir est remplacé par un tambour conique placé dans une position inclinée et dont l'extrémité s'engage sous le soc, tandis que la base se termine là où finit le versoir dans les charrues ordinaires.

Le but de cette substitution d'organe est de retourner et diviser la terre sans résistance.

Mais ce résultat est-il obtenu dans la marche de l'instrument? Le tambour fonctionne-t-il régulièrement? C'est ce que l'expérience seule pourrait démontrer, et nous n'avons pas été à même d'apprécier l'effet pratique de cette charrue, aucune expérience des instruments de cette nature n'ayant eu lieu à Billancourt depuis le mois d'avril, époque où ont eu lieu les essais des charrues.

La partie de l'exposition de Billancourt affectée aux machines et instruments agricoles renferme, comme nous l'avons dit, sous des hangars, des reproductions des instruments des divers constructeurs étrangers ou français.

On y remarque en outre tout un système de féculerie agricole des sieurs Joly et Camus, de Compiègne; un rouleau brise-mottes à deux vitesses et à contre-marche, d'un sieur Moreau, de Tours; une machine à battre et nettoyer le trèfle, de Fuscher, de Saumur; de très-bonnes machines à battre, de Gautrès, de Durdent (Seine-et-Oise), avec locomobile spéciale ou manége locomobile, soit isolé de la machine, soit faisant corps avec elle.

Dans une annexe spéciale on voit fonctionner l'énergique machine Buette, destinée à concasser les silex pour les amener à l'état de grosseur nécessaire pour l'empierrement des routes.

Attenant à cette annexe se trouve établi un appareil important destiné à amener la matière fécale à l'état de briques, qu'on enduit ensuite d'une préparation particulière qui, faisant l'office de vernis, s'oppose à toute évaporation des gaz qui pourrait être la conséquence de la fermentation. Ce système, s'il se répand, aura très-certainement pour effet de faciliter singulièrement le transport et l'emploi de cette nature d'engrais. Le prix de vente de ces briques paraît pouvoir être de 6 fr. les 100 kilog.

Nous avons remarqué dans un autre bâtiment une série de distilleries agricoles, système Pontier, pour les petites exploitations; une distillerie charentaise et une presse à fourrages, du sieur Leduc, de Bar-sur-Aube.

Des appareils plus importants, système Champonois et Leplay, figurent au Champ-de-Mars, dans la galerie des machines.

Un hangar spécial réunit un spécimen de toutes les machines construites par M. Pinet d'Abilly.

On y voit une machine à teiller le chanvre et une machine à battre avec son tarare, d'où le grain est remonté au grenier par une chaîne à godets; un moulin avec sa bluterie; des appareils destinés à préparer la nourriture du bétail; le tout mis en mouvement par trois petits manéges spéciaux établis en dehors du hangar qui renferme encore des cuves à fermentation pour les racines et un petit atelier de forge et menuiserie.

Dans une galerie spéciale de Billancourt sont rassemblés des instruments d'intérieur, des tarares, parmi lesquels il faut surtout remarquer un tarare, système américain, exposé par MM. H. et G. Bosc frères, de Bondeville, près Rouen, et qui opère la séparation du bon grain d'avec les grains inférieurs, ou les menues pailles au moyen d'une aspiration énergique; — des nettoyeurs de grains, au nombre desquels ceux des systèmes Vachon et Pernollet perfectionnés. Le perfectionnement apporté au crible Pernollet par M. L'Huillier, consiste en deux combinaisons nouvelles : l'une a pour but de donner à l'instrument un mouvement de va-et-vient dans le sens de l'axe, en même temps qu'il est soumis à un mouvement rotatif continu; la deuxième combinaison a pour effet de produire sur le crible cylindrique un choc de marteau alternatif afin de dégager les grains qui pourraient rester engagés dans les interstices du tambour en tôle percée qui constitue le crible.

On voit sous la même galerie une série de pressoirs de différents systèmes. Nous avons particulièrement remarqué un pressoir hydraulique de M. Chollet-Champion, à Blère (Indre-et-Loire), pouvant, avec un seul homme ou deux hommes au plus, donner une pression de 30,000 à 180,000 kil., et dont le prix varie, suivant la force, de 375 à 1,600 fr. pour les pressoirs fixes, et de 800 à 2,000 fr. pour les pressoirs locomobiles; — un autre genre de pressoir à engrenages pouvant donner une pression de 175,000 kilog., d'une contenance de 45 hectolitres de marc, et muni d'un dynamomètre indicateur de la pression ; son prix est de 1,200 fr.

Dans l'annexe du parc du Champ-de-Mars notre attention avait également été attirée sur deux systèmes de pressoirs nous paraissant établis dans de bonnes conditions, et susceptibles d'une pression très-énergique : l'un est un pressoir à leviers articulés, de M. Samans, de Blois, pouvant exercer, au moyen d'une seule personne, une pression maximum de 100,000 kilog. et muni d'un dynamomètre indiquant la pression et d'un appareil de sûreté empêchant que ce maximum de pression soit dépassé, ce qui pourrait avoir pour conséquence la rupture des organes de pression ; — l'autre est un pressoir hydraulique d'un sieur Laurent aîné, de Dijon, auquel l'auteur attribue, outre une pression très-énergique, une diminution notable de frais de main-d'œuvre. — Son système présente, en outre, la possibilité de desserrer immédiatement le marc par l'ouverture d'un robinet de retour d'eau, sans l'emploi d'aucune force ; il permet aussi de régler la pression au moyen de contrepoids sur la soupape de sûreté, disposée d'ailleurs de manière à éviter tout accident pouvant résulter de l'emploi immodéré de force motrice.

Nous avons remarqué, à Billancourt, un système de teillage mécanique du lin de M. Parecqde, de Bergues, qui nous semble la reproduction exacte de celui de M. Bourdon, de Gueures, mis en pratique dans notre département depuis plus de dix ans.

Nous avons rencontré le semoir Leclerc, de Rouen, reproduction du système de semoir anglais, avec quelques modifications spéciales au constructeur rouennais, pour la manœuvre des socs distributeurs de la semence.

Notre attention a été appelée sur un spécimen de trayons artificiels, consistant en petits tubes d'argent qu'il suffit d'introduire dans l'ouverture des trayons d'une vache pour obtenir immédiatement tout son lait, quelle que soit la résistance de la vache à l'émettre.

Dans une partie du parc de Billancourt l'on aperçoit une puissante machine dite défonceuse Jarry et Kienzy, mise en mouvement par une locomobile spéciale.

Cet instrument énergique est composé de cinq fortes fourches en fer, à deux larges dents terminées en forme de spatule recourbée, disposées sur deux rangs, et indépendantes l'une de l'autre. Chacune de ces fourches ou pioches est mise en mouvement par un vilebrequin horizontal disposé sous divers angles de manière à ce que chaque paire de dents agisse isolément. Le défoncement produit par cette machine peut atteindre 50 centimètres de profondeur.

Elle reçoit, en outre, pendant son fonctionnement, un mouvement de translation en avant de manière à prendre, à chaque révolution de l'arbre moteur, une nouvelle portion de terrain.

Nous ne croyons pas devoir terminer ce compte rendu sans dire un mot des expériences faites en avril dernier, à Billancourt, sur les charrues exposées et dont nous puisons les éléments dans les journaux agricoles spéciaux, n'ayant pu nous-même assister à ces expériences.

Elles ne paraissent pas avoir été à l'avantage des constructeurs français.

Les fabricants anglais avaient pris le soin de faire venir d'Angleterre de très-bons attelages habitués au travail des champs. La Commission, au contraire, n'avait mis à la disposition des concurrents, qui n'avaient pas leur attelage, que des chevaux de louage dont pas un seul, peut-être, n'était fait aux travaux agricoles et surtout au labourage.

Une pareille imprévoyance de la part des exposants français devait produire un résultat des plus désavantageux pour ces derniers; c'est en effet ce qui a eu lieu.

Tandis que les charrues anglaises ont pu, attelées comme elles l'étaient, effectuer un travail d'une précision remarquable, les attelages français n'ont pu se régler et ont fait un très-mauvais travail, à l'exception d'un seul exposant, qui, mieux inspiré, était allé au village de Billancourt chercher un attelage de vrais chevaux de culture avec lequel il a pu faire avec sa charrue un très-bon travail.

Les charrues françaises comptaient des spécimens très-variés : charrues à double versoir ou binot, charrues à aiguille, charrues du Brabant et du département de l'Aisne, ou à deux corps superposés ; charrue à disque remplaçant le versoir ordinaire, modification peu heureuse, nous le supposons ; charrue double à rouleau diviseur, charrue trisocs, etc.

Les expériences des charrues ont été faites d'ailleurs dans les circonstances les plus défavorables. Le champ d'expériences, tout couvert d'un vieux gazon, avait été comprimé pendant l'hiver par les roues des voitures, le piétinement des hommes et des chevaux. Ce ne sont pas là des circonstances normales ; aussi le travail a-t-il été généralement mauvais, et les charrues, dites à défricher, ont seules pu faire un travail à peu près convenable.

Ces expériences, il paraît, doivent être renouvelées en appliquant à la traction des instruments des attelages de bœufs. Tous les instruments seront alors dans des conditions identiques ; mais il est à désirer que la Commission ait la précaution de prendre des mesures pour livrer aux concurrents un champ dans des conditions normales d'expérimentation.

Avant de quitter l'article charrue, il n'est pas hors de propos de faire ressortir un fait digne de remarque, si on compare la construction des charrues anglaises avec les charrues françaises, abstraction faite des différents genres de charrues et des formes variées de versoir, qui, le plus souvent, doivent être appropriées au sol sur lequel ces instruments sont destinés à opérer.

Or, il convient de reconnaître que, sous le rapport de la bonne construction, les charrues anglaises sont bien préférables à celles françaises.

Cette différence tient évidemment à ce qu'en Angleterre

tous les établissements de construction, non-seulement ne dédaignent pas de s'occuper des charrues, mais en font un objet principal de leur industrie, tandis qu'en France, si on excepte quelques rares établissements et entre autres ceux de Grignon et de Roville, la construction de ces instruments est généralement abandonnée aux ouvriers et maréchaux des campagnes, qui ne travaillent que par routine et sans se préoccuper le moins du monde des données de la science auxquelles il serait si utile d'avoir recours pour établir les charrues dans les meilleures conditions et de bon travail de la terre et de légèreté de traction.

Il est regrettable que nos principales maisons de construction d'instruments agricoles n'aient pas cru devoir suivre l'exemple qui leur est donné, sous ce rapport, par les constructeurs anglais. Cela tient, sans doute, à ce que le fer étant beaucoup plus cher en France qu'en Angleterre, la charrue à membrures en bois est plus généralement employée chez nous, circonstance qui en a relégué la construction aux charrons et aux maréchaux de campagne. En Angleterre, au contraire, le fer seul entre dans la construction des charrues, et c'est ce qui fait que cet instrument a pu devenir une des branches principales des ateliers de construction de cette contrée. Cette circonstance devait nécessairement produire un bon conditionnement et une parfaite entente des principes sur lesquels la charrue doit être établie.

L'Exposition universelle de 1867, en démontrant l'infériorité de la France, par rapport à l'Angleterre, au point de vue de la bonne construction des charrues, aura-t-elle pour effet de faire entrer nos constructeurs dans la voie depuis longtemps suivie avec succès par les constructeurs anglais ? Nous le désirons sans oser l'espérer, tant à cause des raisons que nous avons indiquées plus haut, que parce que nos constructeurs ne se sont pas encore astreints à avoir, comme les principaux constructeurs anglais, une exploitation rurale annexée à leur établissement de construction et sur laquelle sont essayés tous les instruments nouveaux et éprouvés tous les perfectionnements que l'on a cherché à réaliser.

En résumé, si l'Exposition universelle de 1867, sous le rapport des instruments agricoles, n'a pas fait apparaître de nouvelles machines d'un mérite saillant ni de très-importantes améliorations aux machines déjà connues, elle a du moins confirmé l'importance de l'industrie ayant pour objet la construction des machines agricoles chez nos voisins d'outre-Manche et chez les Américains; elle nous a en outre révélé les progrès immenses accomplis sous ce rapport par les constructeurs français depuis la dernière Exposition universelle agricole de 1855.

La construction d'instruments agricoles s'est en effet développée en France d'une façon prodigieuse. Le nombre des maisons qui se livrent à cette industrie s'est notablement accru, et les établissements qui déjà, en 1855, étaient en première ligne ont pris une extension considérable.

C'est là très-certainement un résultat immédiat des Expositions universelles. L'exemple donné par les constructeurs anglais a été suivi, et si, tant sous le rapport du nombre que sous celui de l'importance des ateliers de construction agricoles nous sommes encore loin de l'Angleterre, du moins avons nous, sous ce rapport, réalisé un progrès considérable que l'Exposition universelle de 1867 ne fera très-certainement que développer au profit de notre agriculture, qui aura sous sa main un choix d'instruments et de machines perfectionnés qu'elle était autrefois dans la nécessité de faire venir à grands frais d'Angleterre, circonstance qui limitait nécessairement l'emploi de ces instruments.

Un fait qui ressort encore avec évidence de l'Exposition universelle de 1867, c'est l'importance qu'a prise l'emploi des machines à vapeur appliquées à l'agriculture.

Il y a douze ans à peine l'introduction des machines à vapeur dans les fermes françaises était en quelque sorte regardée comme une chimère. Aujourd'hui, il est constant que l'emploi s'en est répandu au delà de toute prévision, à en juger par la quantité innombrable de constructeurs qui se livrent à la confection de ces locomobiles.

Le système des charrues à vapeur s'est singulièrement développé chez nos voisins. Il paraît qu'on peut évaluer à 500 le nombre d'appareils de culture à vapeur en activité dans l'étendue du Royaume-Uni, tandis qu'en France il n'y a peut-être pas deux exploitations où ce système fonctionne régulièrement, bien que ce mode de culture y ait été révélé depuis 1855.

La division extrême de la propriété du sol en France et le peu d'étendue relative des exploitations qui en est la conséquence est très-probablement la cause principale qui nous empêche de suivre l'exemple de nos voisins; mais là n'est pas la seule cause du peu de développement en France du labourage à vapeur.

Les complications apparentes de l'appareil nécessaire à ce mode de culture, le prix élevé de son acquisition effraient nos chefs d'exploitation; et, malgré l'extension que ce système de culture a pris en Angleterre, le doute règne encore chez nous sur l'utilité et l'économie de son application et surtout sur la perfection et la régularité du travail qu'on peut en obtenir.

Il serait donc très-essentiel que des expériences fréquemment répétées de labourage à vapeur fussent pratiquées à Billancourt; qu'à la suite de ces expériences des conférences initiassent le public agricole aux avantages du système, et établissent d'une manière irréfutable son prix de revient.

C'est en voyant fonctionner ces instruments, comme nous l'avons vu nous-même en Angleterre en 1862, que l'on peut se faire une idée du travail qu'ils produisent et que l'on voit se dissiper les préventions qui, tout d'abord, s'emparent de l'esprit à l'aspect de ces engins dont on ne peut, au premier abord, s'expliquer l'effet et, par suite, l'utilité pratique.

Malheureusement, il n'est pas à notre connaissance que des expériences de cette nature aient encore été faites depuis l'ouverture de l'Exposition. C'est une lacune très-regrettable et qu'il serait très-désirable de voir combler en prenant soin de donner la plus grande publicité à ces expériences qui devraient se renouveler souvent.

Il est encore une série d'expériences qu'il serait très-utile de voir se produire, ce sont celles relatives à l'emploi des faucheuses et des moissonneuses mécaniques.

Malheureusement, ces expériences, par leur nature, ne peuvent avoir lieu que dans un délai très-restreint.

Des expériences de fauchage ont eu lieu il paraît; mais elles ont été effectuées dans des conditions atmosphériques si contraires, si anormales, qu'il n'y a pas lieu de les considérer comme ayant pu être d'un enseignement utile. Elles auraient dû être recommencées dans des conditions plus favorables; il ne paraît pas que cela se soit produit, et il semble que l'on ait ajourné le renouvellement de ces essais à l'époque où seront pratiquées, sur la ferme de Fouilleuse, les expériences des moissonneuses.

Ces expériences seront des plus intéressantes, et il est important qu'elles soient annoncées avec la plus grande publicité possible.

Depuis plus de quinze ans que le système des moisonneuses mécaniques a été mis au jour, de notables perfectionnements ont été apportés à ces instruments. Des essais pratiques ont eu lieu, en 1855, à Fouilleuse, plus récemment à Vincennes, et, quoi qu'il en soit, l'emploi des moissonneuses mécaniques ne s'est pas encore généralisé en France et n'est qu'une exception.

Cela tient évidemment à ce que ces instruments, dont il

serait si utile de voir l'usage se répandre, laissent encore à désirer sur certains détails du travail qu'ils effectuent.

La nécessité de former la javelle à bras d'homme, la difficulté de ce travail, la manière irrégulière dont il est souvent accompli et la fatigue excessive qu'il occasionne au javeleur, sont les plus graves inconvénients qui s'opposent à la vulgarisation des moissonneuses mécaniques. On a cherché à suppléer au javelage à bras d'homme par le javelage mécanique; mais jusqu'à ces derniers temps, il faut le dire, le problème ne paraissait pas encore complètement résolu.

L'est-il aujourd'hui ? C'est ce que les expériences, attendues avec la plus vive impatience par les agriculteurs, démontreront.

Dans tous les cas, il ressortira toujours de ces expériences la constatation sinon d'un résultat complet obtenu, du moins d'une amélioration notable produite, amélioration qui, il faut l'espérer, ne tardera pas à mettre sur la voie des derniers perfectionnements qu'il est désirable de voir réaliser pour rendre l'usage des moissonneuses mécaniques presque général, du moins dans les grandes exploitations.

Nous ne doutons même pas que du jour où ce résultat sera obtenu, l'emploi de ces engins ne se répande même dans les petites exploitations, parce qu'alors les moissonneuses deviendront la propriété d'entrepreneurs travaillant à façon, comme c'est le cas aujourd'hui pour l'emploi des machines à battre locomobiles dans un grand nombre d'exploitations.

Dans la revue que nous avons faite des machines agricoles figurant à l'Exposition universelle, nous avons eu l'occasion de citer plusieurs machines à moissonner de différents systèmes, et plusieurs à râteau automatique ayant pour objet de faire le javelage mécaniquement. Il sera très-intéressant de les voir fonctionner et de pouvoir apprécier jusqu'à quel point elles remplissent le but cherché.

Nous terminerons ici cette rapide revue de l'Exposition en ce qui concerne les instruments agricoles.

Les observations qui précèdent ne sont pas aussi complètes qu'elles auraient pu l'être si elles avaient pu n'être communiquées qu'à la fin de l'Exposition et si, les expériences des instruments étant circonscrites dans un délai restreint, il nous avait été possible de les suivre avec plus d'ensemble. Il n'a pas dépendu de nous de jeter plus de lumière sur cette partie importante de l'Exposition.

Quoi qu'il en soit, nous ne doutons pas qu'un nouveau stimulant pour nos constructeurs et nos agriculteurs ne soit la conséquence de la réunion de ces engins multiples qui sont une révélation du génie de l'homme et des progrès importants qu'a réalisés l'agriculture; nous ne doutons pas davantage que celle-ci ne profite largement, pour réaliser des progrès nouveaux, de l'étude qu'il lui aura été possible de faire sous ce rapport à l'Exposition universelle de 1867.

FAUCHET.

14 Juillet 1867.

PRODUITS AGRICOLES ET BESTIAUX

GROUPE V. — CLASSE 43.
GROUPE VII. — CLASSES 67-71-73.
GROUPE VIII. — CLASSES 76-77-78. — GALERIE VII,
PARC ET ILE BILLANCOURT.

Nous avons à vous rendre compte de la partie de l'Exposition universelle qui concerne l'agriculture en ce qui a rapport aux produits et aux bestiaux.

Nous devons dire en commençant ce rapport, qui sera forcement très-borné, que la situation faite à l'agriculture à l'Exposition universelle est des plus malheureuses, tant pour l'exhibition des produits des machines et des bestiaux que pour la comparaison des produits entre eux, qu'ils soient français ou étrangers.

Les produits agricoles français sont placés au Champ-de-Mars, une très-faible partie dans la salle du palais, consacrée à la classe 43, cette salle ayant été presque entièrement réservée aux grainetiers de Paris, tels que Andrieux, Vilmorin et autres. Une partie cependant est consacrée à l'exhibition de quelques expositions particulières de laines fines, parmi lesquelles on remarque celles du troupeau mérinos de M. Mauchamp; les lins ont également quelques représentants dans cette salle.

M. Larible, entre autres, y a fait une assez belle exhibition.

Les produits agricoles les plus nombreux, ceux qui forment des exhibitions collectives faites par les soins des sociétés et comices agricoles, sont relégués à l'extrémité du parc, près la porte Dupleix, constamment fermée, et sont abrités sous un hangar très-peu favorable à leur examen et à leur conservation.

Enfin, pour les bestiaux, la partie la plus importante peut-être de l'exposition, au point de vue des besoins actuels de notre agriculture, les bestiaux sont placés partie au Champ-de-Mars, partie à Billancourt; ceux placés au Champ-de-Mars doivent y rester pendant toute l'Exposition, où les sujets sont renouvelés par les propriétaires qui ont exposé les animaux qui s'y trouvent en ce moment.

Pour les animaux qui sont exposés à Billancourt, ils n'y séjournent que quinze jours et sont remplacés chaque quinzaine par d'autres animaux appartenant à des races différentes.

C'est ainsi que les animaux de la boucherie sont remplacés par des animaux de production, et que les races ovine et porcine succéderont à la race bovine.

Par une excellente mesure de prudence, les animaux étrangers ne sont pas admis à l'Exposition.

Les produits agricoles étrangers font partie de l'exposition de chaque nation et sont placés dans le Palais parmi les produits exposés par la nation à laquelle ils appartiennent.

CÉRÉALES.

Les céréales de la Seine-Inférieure sont convenablement représentées dans les expositions collectives faites par les soins de la Société centrale d'Agriculture du département et de la Société d'Agriculture pratique de l'arrondissement du Havre.

Les blés exposés en gerbes et en grains sont fort beaux,

leur rendement est en moyenne de 27 hectolitres à l'hectare.

Les qualités de ces blés sont bonnes et le rendement aussi paraît satisfaisant.

Mais il est loin d'atteindre les rendements indiqués par les exposants du département du Nord, rendements qui varient de 30 à 33 hectolitres par hectare.

Les qualités de blés exposés par les agriculteurs du département du Nord sont très-belles et méritent d'être signalées d'une manière spéciale à l'attention des cultivateurs de notre département. Nous croyons ne devoir pas nous étendre sur les qualités et les rendements des blés étrangers. Nous ne connaissons pas suffisamment les sols dont ils proviennent et les climats sous lesquels ils ont été produits pour indiquer les espèces qui pourraient être importées dans notre département avec chance de succès.

AVOINES.

Les avoines exposées par le département de la Seine-Inférieure sont belles.

Le rendement accusé varie de 45 à 60 hectolitres par hectare.

Ces avoines, exposées en gerbes et en grains, sont de belle qualité.

Les avoines du Nord nous ont paru seules supérieures à celles exposées par notre département.

FOURRAGES.

Les échantillons de fourrages exposés par le département de la Seine-Inférieure ne nous ont pas paru mériter une mention particulière, si nous en exceptons, toutefois, une caisse contenant du brôme de Schrader en belle végétation.

Le cultivateur qui a exposé ce brôme a obtenu des résultats très-favorables de la culture de cette plante.

POMMES DE TERRE.

De nombreuses variétés de pommes de terre ont été présentées à l'Exposition.

Les rendements accusés varient de 250 à 315 hectolitres par hectare.

Les qualités des pommes de terre exposées par la Seine-Inférieure nous ont paru préférables à celles des pommes de terre exposées par les autres départements.

RACINES.

L'exposition des racines, malgré l'époque avancée de l'année, est des plus complètes. Pas une espèce de betterave ne peut être comparée à la betterave d'Argent que nous devons au regrettable et éminent cultivateur de ce nom, lauréat de la prime d'honneur au concours régional de la Seine-Inférieure en 1861.

Cette betterave est cultivée aujourd'hui dans une grande partie des exploitations agricoles du pays de Caux.

Son rendement est de 60,000 kilog. à l'hectare.

CIDRE.

Les cidres en bouteilles sont suffisamment représentés dans les expositions collectives de notre département.

La dégustation a donné lieu de reconnaître que les cidres de la Seine-Inférieure, bien que contenant moins d'alcool que les cidres de basse Normandie, ont un goût plus agréable lorsqu'ils sont présentés en bouteilles dans l'année de leur récolte.

BIÈRE.

La classe 43 ne compte qu'un seul exposant de bière.

Cet exposant est M. Bobée, de Montivilliers.

Sa bière, destinée à l'exportation, est bien appréciée dans nos colonies ; elle seule supporte les voyages transatlantiques sans éprouver aucune altération.

LAINES.

Les cultivateurs de notre département ont exposé une certaine quantité de toisons de laine.

Ces laines proviennent toutes de moutons métis-mérinos. Des toisons provenant d'un troupeau Dishley-mérinos nous ont paru particulièrement remarquables.

Depuis quelques années, les cultivateurs du département ont abandonné la race mérinos pure pour rechercher dans des croisements l'allongement de la mèche de la laine et, plus encore, la précocité du développement du mouton. Cette innovation, au point de vue des intérêts agricoles des cultivateurs de la Seine-Inférieure, a été des plus heureuses. Ils sont parvenus à obtenir des moutons dont le rendement en viande est de beaucoup supérieur en poids à celui des moutons mérinos et dont la précocité d'engraissement permet d'obtenir deux sujets pour la boucherie pendant le temps qu'il fallait consacrer à obtenir un mouton mérinos propre à être livré à la boucherie. Outre cet immense avantage, si appréciable à l'époque de cherté de la viande où nous sommes, ils ont obtenu, par des croisements intelligents avec les races anglaises, une laine dont le brin est plus gros, mais qui, par sa longueur et sa forme, est particulièrement propre au peigne et fort recherchée pour la confection des nouveautés.

Si nous devons apprécier ainsi l'exposition des laines au point de vue des intérêts de notre département, nous ne pouvons omettre de signaler dans la classe 43 les laines fines et fort remarquables des mérinos Mauchamp et le troupeau mérinos de M. Gilbert, à Vitteville (Seine-et-Oise).

La France, au reste, est bien loin de produire les plus belles laines, et les expositions de l'Autriche, de la Saxe et de la Russie présentent les plus beaux spécimens des laines fines. Les soins donnés aux troupeaux dans ces régions et le choix de bons reproducteurs est sans doute pour beaucoup dans ce bon résultat, mais les pâturages contribuent d'une façon toute particulière à la production et à la finesse de la laine, et celle-ci, à mérite égal chez les animaux, est d'autant plus fine que les pâturages sont moins abondants.

Dans l'état actuel de notre agriculture nous n'avons rien à demander à l'étranger pour perfectionner notre race ovine.

Quelques reproducteurs de la race Dishley, bien choisis, pourraient, avec avantage, être introduits dans nos troupeaux.

LINS.

Les cultivateurs de notre département ont exposé de beaux et bons lins en branche et à tous les degrés de préparation.

Les lins de Caux ont incontestablement une finesse supérieure à celle des lins obtenus dans les autres parties de la France.

Ils doivent cette finesse au sol du pays de Caux et à son climat.

Cette précieuse qualité les a fait repousser par l'industrie lors de la substitution de la filature mécanique à la filature à la main ; ils ne pouvaient résister à des apprêts très-rudes et qui étaient dans un état complétement primitif.

Aujourd'hui, les apprêts ont été perfectionnés, et l'industrie, rendant justice aux qualités exceptionnelles des lins de Caux, les emploie volontiers et leur donne une large part dans sa fabrication.

Bien que ces résultats soient heureux, il est regrettable que le prix que l'industrie accorde aux lins de Caux soit sans nul doute inférieur à ceux qu'elle accorde aux lins d'autres provenances et qui n'ont pas, en tige, les mêmes qualités.

Il faut, au reste, reconnaître que les préparations que reçoit le lin de Caux après sa récolte ne sont pas aussi parfaites que l'on pourrait le désirer. Le fanage, le rouissage et le teillage ont besoin d'être perfectionnés.

Les lins présentés par les cultivateurs du département du Nord, qui sont inférieurs aux nôtres en finesse, leur sont supérieurs pour la longueur de la tige, et les filasses présentées ont été soumises à un rouissage et à un teillage qui ne laissent rien à désirer.

Beaucoup d'expositions étrangères présentent de beaux lins ; nous avons particulièrement remarqué l'exposition russe, qui n'a de supérieur à ses lins que ses chanvres d'une finesse et d'une longueur vraiment merveilleuses, et qui sont traités, d'une façon si parfaite, que l'on pourrait confondre ces produits avec la soie.

La Belgique et l'Autriche ont également exposé des lins fort beaux et très-bien traités.

CONSERVES DE BETTERAVES.

Il nous reste à vous parler des conserves de betteraves mélangées de menue paille et de siliques de colza.

Ces conserves donnent les meilleurs résultats dans l'alimentation des animaux.

Les pulpes de distillerie, traitées par le même procédé, offrent également un bon aliment aux bestiaux.

L'une et l'autre peuvent être employées à toutes les époques de l'année et se conserveront deux et trois ans.

BESTIAUX.

Ainsi que je l'ai dit en commençant ce rapport, il est fort difficile de parler des bestiaux et d'envisager cette importante partie de l'agriculture au point de vue des intérêts de notre département.

Les bestiaux sont placés, pour la plupart à l'île Billancourt, où ils séjournent pendant quinze jours pour être remplacés par d'autres animaux appartenant soit à une autre race, soit à une section de la même race.

Ainsi, aux bœufs d'engrais ont succédé les animaux producteurs de la race bovine (races laitières); ces animaux seront remplacés par des sujets des races de travail, puis ensuite les races ovines divisées en deux parties qui doivent se succéder (races à longue laine, races à courte laine), puis enfin une exposition de races d'engraissement précoce.

Il y aura également deux ou trois expositions successives des sujets de races particulières.

Lorsque je me suis rendu à l'Exposition, j'ai assisté à l'exhibition des reproducteurs des races bovines laitières.

Cette exposition était loin d'être remarquable, notre département y était à peine représenté; les races flamandes et suisses étaient représentées par de fort beaux types.

Les races d'Ayr et bretonne étaient également bien représentées.

Mais je n'ai pu faire qu'une observation qui me paraît devoir prendre place dans ce rapport.

Les croisements provenant de ces différentes races étaient tous supérieurs aux sujets qui les avaient produits.

Ainsi les croisements normand-Durham, charolais-Durham étaient supérieurs aux vaches normandes et charolaises qui les avaient produits.

Ce même fait se remarquait dans les croisements breton-Ayr et dans toutes les races où le croisement avait été introduit avec intelligence.

Ces observations n'ont fait que confirmer les remarques de toute notre carrière agricole : c'est que les produits des croisements sont les meilleurs animaux de vente.

Mais il faut se garder de livrer les mâles à la reproduction; il convient de recourir toujours au pur sang comme type reproducteur si l'on veut éviter de cruelles déceptions dans la formation et la conservation de ses troupeaux.

DE LA LONDE DU THIL.

16 Juin 1867.

MÉCANIQUE

GROUPE VI. — CLASSES 52-53-54-55. — GALERIE VI & PARC.

Le groupe VI comprend le travail et tous les moyens mécaniques que l'homme emploie pour remplacer sa force par celle des éléments.

La tendance de notre époque est d'arriver à employer l'homme comme être intelligent et non plus comme force motrice : tous les perfectionnements de notre industrie, depuis le commencement de ce siècle, visent au même but. Depuis la machine à vapeur, qui a remplacé dans nos filatures et nos tissages les bras devenus insuffisants, jusqu'à la couseuse à laquelle on pense déjà à appliquer un moteur inanimé. Malgré les progrès immenses que nous avons réalisés dans les appareils automoteurs que l'homme ne fait plus que régler et diriger, nous sommes restés dans la production de la force motrice sans faire aucune découverte importante, et cependant la grave question du jour est la force motrice à bon marché.

Nous allons, en passant rapidement en revue le groupe VI, voir quels sont les efforts des départements de la Seine-Inférieure et de l'Eure dans cette voie, et les résultats qui ont été obtenus par nos exposants.

Nous ferons notre possible pour mesurer le chemin parcouru dans chaque branche et celui qu'il reste encore à parcourir. Il nous arrivera de voir que nous sommes dans les plus graves questions, à peine au début de la carrière. Ce résultat ne doit pas décourager, mais au contraire exciter les intelligences d'élite à s'atteler courageusement à la charrue du progrès.

Nouveau dans la science et dans la pratique, nous avons besoin, pour accomplir notre tâche, de compter sur toute l'indulgence du lecteur. S'il nous arrive d'être en désaccord avec l'opinion de personnes plus autorisées, qu'on nous le pardonne en considération de l'impartialité avec laquelle nous avons jugé ce que nous avons vu.

Nous nous attacherons seulement aux questions d'un intérêt général, laissant les questions trop étrangères à nos connaissances à des plumes plus compétentes.

LES MACHINES MOTRICES.

Les machines à vapeur de nos départements, à l'Exposition universelle, sont de deux sortes bien distinctes : les machines à balancier et les machines à action directe sur la manivelle.

Nos exposants sont : M. Thomas Powell, pour une machine à balancier de 60 chevaux ; MM. Corbran fils et Lemarchand, pour une machine inclinée de 100 chevaux ; MM. Boudier frères, pour une machine horizontale ; enfin M. Mazeline, pour une machine horizontale de 20 chevaux.

La tendance générale de nos départements, marquée par ces machines, est la machine à deux cylindres, type Wolf, plus ou moins modifiée. M. Mazeline seul fait exception à cette règle. Une autre tendance, non-seulement du département, mais encore de tous les pays représentés à l'Exposition, est la connexion de deux machines à angle droit sur le même arbre moteur, dans le but d'augmenter la régularité de la marche.

Examinons d'abord ces appareils séparément et succinctement, puis nous les comparerons pour faire ressortir le but que le constructeur a voulu atteindre.

La machine de M. Thomas Powell est, sans contredit, par son aspect architectural et le fini de son exécution, une des plus belles qui soient exposées. Cette machine, flattant le goût particulier de nos départements, nous commencerons par là. Du reste, comme elle fait type à part, il est naturel que nous la prenions comme point de départ. Elle est du type Wolf, à deux cylindres à détente fixe, la détente étant produite par le rapport des volumes des deux cylindres. Elle est formée de deux machines identiques actionnant le même arbre moteur. L'ensemble du système forme une force de 60 chevaux. L'exécution est parfaite : elle marche avec une grande régularité ; cependant, sur ce point, on ne peut se rendre un compte précis à l'Exposition, parce que la force qu'elle fait est très-variable, suivant les nécessités du service. Elle fait seulement 30 tours par minute et marche à basse pression ; comme moteur de Wolf, elle est dans toutes les bonnes conditions désirables.

La masse générale de l'appareil est un peu grande pour une force de 60 chevaux, mais c'est un défaut inhérent aux machines à balancier ; et, de plus, nous savons que dans la Seine-Inférieure 60 chevaux veulent dire quelquefois 120 ; nous reviendrons sur cette manière de compter.

La machine de MM. Corbran fils et Lemarchand est aussi de Wolf double, composée de deux machines identiques inclinées à 45 degrés et commandant le même arbre moteur, sans intermédiaire de balancier. Elle fait 100 chevaux et marche à 70 tours. La suppression du balancier permet immédiatement de doubler la vitesse et, par suite, d'avoir sous moins de volume et de poids une plus grande force que celle de M. Powell.

Cette machine a un assez grand défaut, selon notre manière de voir. Les deux moteurs qui la composent sont trop indépendants; ainsi la prise de vapeur est distincte et indépendante pour chaque paire de cylindres, le régulateur à papillon est double, le régulateur de la détente est double aussi et spécial à chaque machine. Il en résulte qu'il est absolument impossible que ces deux moteurs, ainsi séparés, puissent jamais être réglés à la même puissance que lors de la mise en train; à moins d'être deux pour mener la machine, ce qui ne peut être, on sera obligé de donner la vapeur à un des cylindres, puis de courir à l'autre dont le piston aura commencé à marcher à vide; enfin, au moment de l'arrêt, les mêmes inconvénients résulteront pendant la marche; le mécanicien sera sans cesse occupé à courir d'une des machiues à l'autre, sans pouvoir régler sa vitesse. Un arrêt prompt est impossible avec cette disposition. Nous rappellerons à ces messieurs que, dans toutes les locomotives qui emploient toujours les deux moteurs accouplés à angle droit, on n'a qu'une mise en train, qu'au levier régularisant la détente et la marche, et enfin qu'un seul organe pour mouvoir les robinets de purge. La même chose se présente pour les machines marines et pour les machines terrestres, toutes les fois que l'on unit deux machines pour marcher ensemble. De sorte que, sans se déplacer, le mécanicien doit avoir sous la main les rênes pour mener son moteur.

Du reste, cette machine est très-bien finie et élégante dans sa forme, et il serait facile de la corriger.

MM. Boudier frères exposent une machine horizontale à deux cylindres à détente variable. Cette machine a une assez bonne disposition; les cylindres sont inversés, c'est-à-dire que les pistons, au lieu de marcher ensemble et dans le même sens, comme dans les machines ordinaires de Wolf, marchent en sens inverse; la vapeur sortant du bas du petit cylindre entre dans le bas du grand, celle sortant du haut du petit cylindre entre dans le haut du grand. Cette disposition a amené une simplification du tiroir.

A part cette qualité, cette machine n'est pas heureuse dans son ensemble ; on a voulu chercher l'élégance en faisant porter le régulateur à force centrifuge par un arc au-dessus de la machine et on n'est parvenu qu'à l'encombrer de trois engrenages coniques.

La détente est variable dans cette machine par une came. Généralement ces cames se font très-simplement et se mettent dans la boîte du tiroir. MM. Boudier ont voulu faire mieux et ont compliqué leur machine fort inutilement. Comme exécution, du reste, cette machine est loin de valoir les précédentes.

Enfin, M. Mazeline expose une machine horizontale fort bien comprise. Le type, le caractère essentiel de la machine horizontale est la simplicité, c'est peut-être son principal mérite, mais au moins qu'il soit complet. Cette machine, de la force de 20 chevaux, en ferait certainement 40 ; nous savons que M. Mazeline compte par chevaux marins. Elle est à longue détente variable et à condensation ; elle peut donc, dans sa simplicité, fournir toute l'économie des machines à deux cylindres. M. Mazeline a adopté une détente à tiroir prismatique, dont le but est d'ouvrir, dans le moindre temps possible, de très-larges passages à la vapeur.

En résumé, les constructeurs cherchent l'économie de combustibles par l'application de la longue détente, la simplicité, comme dans la machine de M. Mazeline ou la grande régularité comme dans la machine de M. Powell.

Pour les types intermédiaires, à quoi veulent-ils arriver? Elles ne présentent pas les caractères de régularité de la machine à balancier, ni la facilité d'installation de la machine horizontale simple. Est-ce l'économie? Mais la machine horizontale à longue détente peut aller dans cette voie aussi loin qu'elles. On s'est beaucoup préoccupé de la question des deux cylindres et on a attribué aux deux cylindres tout l'avantage des machines à balancier ; c'est une erreur. Le mérite principal des machines à balancier est leur peu de vitesse, ce qui permet de les régler avec une grande précision. La vapeur a tout le temps d'entrer dans les cylindres et de produire tout son effet avant de sortir ; la vitesse de circulation de la vapeur par les orifices est faible, il en résulte que toutes les résistances de ces machines sont réduites à leur moindre expression.

Mais du moment que vous emploierez la machine à deux cylindres avec des vitesses de 70 tours par minute, vous perdrez tous ces avantages et vous rentrerez dans les conditions ordinaires des machines horizontales. Il vaut donc mieux se mettre franchement d'un côté ou de l'autre : ou la machine verticale à balancier à deux cylindres et détente fixe pour un travail constant et d'une régularité extrême, ou la machine horizontale la plus simple possible à longue détente pour tous les autres cas. Du reste, il n'est pas impossible d'arriver, par la machine horizontale simple, à cette régularité tant cherchée. Ces machines sont employées dans plusieurs manufactures qui en tirent grand profit.

Quel progrès a été fait dans la construction des machines dans nos départements?

Aucune, théoriquement ; on finit peut-être mieux les machines, mais aucune de celles exposées ne montre une idée nouvelle.

M. Powell, tout le premier, exécute depuis longtemps toujours la même machine ; nos autres constructeurs prennent l'invention de Wolf, la tournent et la retournent, mais n'ont rien produit de neuf. M. Mazeline, lui-même, expose une machine dont le type a été monté aux laminoirs de Saint-Sever depuis plus de dix ans.

Il y a cependant beaucoup à faire dans la question de la transformation du charbon en force motrice ; cette question est dans l'enfance encore et a fait bien peu de progrès depuis Wolf.

Nous voulons montrer en peu de mots où nous en

sommes de la question et faire apercevoir tout ce qu'il reste à faire.

Un kilog. de houille, en brûlant, produit environ 7,500 unités de chaleur, nos meilleures machines consomment 2 kilog. à 2 kilog. et demi par heure, accordons 2 kilog., soit une dépense de 1,500 unités de chaleur appelées *calories*.

Dans la théorie mécanique de la chaleur on démontre que *une calorie* correspond à 420 unités de travail ou kilogrammètres, c'est-à-dire que une unité de chaleur peut produire 420 kilogrammètres; on en déduit que les 15,000 calories dépensées par nos meilleures machines par heure, produiraient :

15,000 $\times$ 420 = 6,300,000 kilogrammètres par heure. Que produisent ces machines en réalité pour 2 kilog. de charbon dépensé ?

Un cheval vapeur, c'est-à-dire 75 kilogrammètres par seconde, soit par heure 75 $\times$ 60 $\times$ 60 = 260,000 kilogrammètres.

Le travail utile étant de 260,000 kilogrammètres.

Le travail dépensé étant de 6,300,000, le rapport de ces deux nombres donne le rendement théorique des machines. Ce rapport est à

$$\frac{260,000}{6,300,000} \quad \frac{26}{630} \quad 0,041$$

Soit un peu moins de 5 0/0.

C'est-à-dire que la perte réelle est de 95 0/0 du charbon dépensé.

Ce résultat est effrayant; il montre du moins la vraie position de la question.

Nous ne voulons pas nous étendre davantage sur ce sujet; qu'il nous suffise d'avoir montré ce que nous avons fait depuis soixante ans : nous avons acquis les 5 0/0 du problème, il nous reste encore les 95 0/0 devant nous; le champ est assez large pour être digne de nos constructeurs et pour que nous les engagions à ne pas toujours rester dans les sentiers battus par leurs devanciers.

Il ne faut pas que ce résultat étonne ; que ceux qui n'y croiraient pas comparent la dépense en carbone des moteurs animés et la force qu'ils produisent, ils verront que le rendement de ces moteurs confirme la théorie que nous énonçons.

Nous devons dire deux mots de la manière de compter la force des machines dans nos départements, manière très-vicieuse et contre laquelle on ne saurait trop agir.

Il est en effet impossible de s'entendre dans nos départements sur la force d'une machine. On dit toujours 20 chevaux pour en faire 30, 15 pour en faire 25. Est-ce 20 ou 30 ? Est-ce 15 ou 25 ? Il s'agit d'être clair.

La force d'une machine se compose de deux éléments distincts : la pression sur le piston et la vitesse de ce piston, ou le nombre de tours par minute.

Avec la même pression, si la vitesse est double, la force est double aussi. Il faudrait donc toujours exprimer la force d'une machine de cette manière positive.

Tant de chevaux, avec une pression de tant et tant de tours par minute, de cette façon on ne tromperait personne.

Nous ne saurions trop engager les gens du métier à changer leur manière de s'exprimer dans ce cas, et à adopter ce que tout le monde est convenu d'adopter.

Il est bon de signaler une dispositiou qui tend à se propager dans la machine à vapeur. Nos départements ne l'ont point adoptée ; cependant, comme nous la croyons bonne, nous en dirons quelques mots.

Il s'agit de la suppression complète du papillon et de la réglementation de la marche par le *volume* de la vapeur dépensée, et non plus, comme on l'a fait jusqu'alors, par la *pression* de cette vapeur.

Comment agit le papillon régulateur des machines ? C'est

en produisant dans le tuyau de prise de vapeur un étranglement qui a pour résultat de diminuer la pression de la vapeur fournie par la chaudière, c'est une résistance factice que nous introduisons dans la machine et dont l'effet est analogue au frein.

Pour que le papillon puisse servir, il faut nécessairement qu'il soit réglé de façon que la pression dans le cylindre soit moindre que dans la chaudière, de sorte que la machine marche toujours avec une perte de pression. On produit de la vapeur à 5 atmosphères, et l'on s'arrange de façon à l'employer à 4 1/2, plus ou moins, selon le cas. La perte est facile à saisir, c'est toute la dépense faite pour élever la vapeur d'une 1/2 atmosphère environ.

Au lieu donc d'agir sur la pression de la vapeur, on cherche maintenant à agir sur le volume; il suffit pour cela de faire varier la détente suivant le besoin, au moyen du régulateur ordinaire, de sorte que la machine, pendant le temps de l'admission, prend la vapeur à la chaudière, à la pression qu'elle a été produite. Si la pression s'élève, elle en prend moins; si elle s'abaisse, elle en prend davantage; il n'y a aucune perte. Ce système est bien plus rationnel que le papillon et doit le remplacer dans toutes les machines à détente variable.

Les appareils exposés ne sont pas encore arrivés à l'extrême perfection; mais il nous suffit d'indiquer cette voie, qui est bonne, pour que nos constructeurs saisis du problème en trouvent la solution.

A côté des machines motrices, nous parlerons des chaudières à vapeur et de leurs accessoires.

Nous avons regretté de ne pas voir la chaudronnerie mieux représentée qu'elle n'est à l'Exposition; cependant nos départements marchent de pair pour cette partie avec les autres départements, même les plus avancés.

Nous avons remarqué la série des accessoires de chaudière de Lethuillier-Pinel.

Ses indicateurs de niveau magnétiques, dont le principal objet est de supprimer les frottements des tiges indicatrices ordinaires à travers les presse-étoupes que l'on est obligé d'employer; ces frottements pouvaient arrêter la marche des appareils. Maintenant plus de communication avec l'intérieur, les tiges indicatrices se meuvent avec la plus grande facilité; elles portent à leur extrémité un aimant dont les bouts recourbés agissent sur une petite barre d'acier placée à l'extérieur.

Ce genre d'appareil est ce qu'il y a jusqu'à ce jour de plus simple et de plus exact, ils tiennent certainement le premier rang dans cette partie.

Madame veuve Lethuillier-Pinel expose aussi un appareil qui a pour but de régler l'alimentation des chaudières.

Supposons que la pompe alimentaire pompe toujours son eau. Aussitôt que le niveau normal est atteint un robinet fort ingénieux se ferme, et l'eau, au lieu de pénétrer dans la chaudière, lève une soupape et s'échappe au dehors. Quand le niveau baisse au contraire, le robinet s'ouvre et laisse l'eau arriver librement. Le robinet régulateur est une petite porte qui s'ouvre et se ferme avec la plus grande facilité et n'a pas l'inconvénient des robinets à boisseau conique se coinçant facilement.

Nous ferons ici au constructeur une observation. Au lieu d'avoir un retour d'eau qui permet à l'eau refoulée par les pompes de se perdre, ne vaudrait-il pas mieux s'arranger de façon à lever en ce moment la soupape d'aspiration de la pompe et arrêter ainsi son action? On économiserait la force employée à refouler l'eau dans le conduit. Cet arrêt de l'aspiration pourrait se faire automatiquement avec la plus grande simplicité.

L'exposition de Mme veuve Lethuillier-Pinel nous montre toutes les dispositions que peut prendre l'indicateur magnétique, qui peut ainsi s'appliquer à tous les besoins de l'industrie.

M. Tulpin, dont l'exposition principale est formée d'appareils pour la teinture et l'impression, nous a montré un appareil de son invention, destiné à régulariser la pression dans la détente de la vapeur.

Supposons que l'on veuille avoir de la vapeur à une pression constante moindre que celle fournie par la chaudière dont la pression du reste varie assez facilement, il suffira d'interposer sur le tuyaux de prise de vapeur une valve, que l'on ouvrira plus ou moins la pression de la chaudière et la pression que l'on veut obtenir. C'est ce que fait l'appareil de M. Tulpin, seulement cet appareil agit automatiquement ; une fois réglé, si la pression de la chaudière monte, l'appareil ferme un peu sa valve ; si elle baisse, il l'ouvre. Cet instrument est très-sensible et fonctionne bien.

Seulement son principe est le même que celui des papillons régulateurs des machines à vapeur : c'est un obstacle introduit dans le conduit de vapeur et qui a pour but de faire perdre une partie de la pression produite par la chaudière.

Il vaut mieux qu'un simple robinet ; mais dans les grandes usines il faut se garder d'en généraliser l'emploi et bien faire attention aux cas où l'on peut en faire usage.

Les détails de l'appareil sont parfaitement entendus, et dans les circonstances où il est applicable, il rendra de grands services.

L'organe sensible de cet appareil est une lame de caoutchouc sur laquelle la vapeur exerce sa pression et qui en subit toutes les variations, qu'elle communique au levier faisant ouvrir ou fermer la valve. Le danger était d'exposer cette membrane aux influences directes de la vapeur, qui, comme on sait, détruit rapidement l'élasticité du caoutchouc. M. Turpin a adopté une disposition que nous recommandons fort; il a interposé entre la vapeur et le caoutchouc une colonne d'eau dont la température ne peut beaucoup varier, et de cette façon assure une grande durée à la membrane sensible.

M. Roquette, à Sotteville, expose des appareils accessoires de chaudière. Les indicateurs du niveau de l'eau sont du type ancien et ne présentent rien de remarquable. Nous avons vu dans sa vitrine des tubes de niveau, en verre, à double enveloppe. La double enveloppe de verre peut bien préserver le tube intérieur des courants d'air froids, mais nous croyons que quand le tube intérieur se cassera, le tube extérieur cassera aussi immédiatement, et l'on aura à renouveler deux tubes au lieu d'un.

Du reste, ce ne sont pas seulement les courants d'air qui cassent ces tubes de cristal, car sur les locomotives, où ils sont très-exposés au froid, à la neige et à la pluie, ils ne cassent pas beaucoup plus que sur les machines fixes.

La rupture de ces tubes est due à d'autres causes ; nous croyons donc que la double enveloppe est pour le moins inutile.

Nous avons vu aussi les appareils conservateurs de la chaleur, de M. Pimont, concentrateurs plastiques, etc.

Il me semble que l'on a cherché bien loin la solution du problème. Une corde de chanvre bien sèche enroulée autour du tuyau, une toile à voile cousue serrée dessus et un coup de pinceau forment pour les gros tuyaux conduisant la vapeur des chaudières aux machines marines un concentrateur plastique bien suffisant.

L'appareil de M. Pimont a le défaut d'être compliqué et de donner un diamètre énorme. S'il fallait l'appliquer à des tuyaux de grande dimension, il deviendrait impossible.

Il nous reste à dire quelques mots des machines du service hydraulique de l'Exposition.

MM. Scott et Sagey exposent une machine élévatoire à balancier.

Cette machine se compose de deux machines Wolf à balancier, à détente fixe, accouplée sur le même volant à angle droit. Le volant est fort petit, il n'a pas besoin d'avoir de grandes dimensions ; les résistances à vaincre étant fort constantes et par elles-mêmes régulières, il ne sert que pour faire passer plus facilement les points morts.

A chaque balancier sont attelées deux pompes aspirantes et foulantes à piston plein. La course des pompes est de 0,40, leur diamètre de 0,35, la machine fait 30 tours par minute ; elle peut donc débiter environ 20 mètres cubes par minute. Cette machine, dans sa grande simplicité, constitue une puissante machine élévatoire.

Dans ce cas spécial, la machine à deux cylindres à balancier est, sans contredit, la meilleure que l'on puisse employer. La régularité de la résistance est absolue, donc la force à produire doit être toujours la même de la détente fixe. De plus, la machine à balancier permet d'avoir la disposition la plus élégante, la plus simple et la plus commode.

MM. Scott et Sagey ont donc, en résumé, fait un des ensembles les plus parfaits de l'Exposition.

M. Nillus le jeune expose aussi une machine hydraulique. L'ensemble de son appareil montre qu'il est destiné à être établi provisoirement dans un lieu déterminé pour des épuisements. Par exemple, la machine est demi-locomobile ; on en enlève l'avant-train pour le remplacer par une assiette plus fixe que des roues ; sa force est de 15 chevaux, le foyer est à retour de flamme ; l'ensemble de cette machine est très-bon et les détails en sont bien combinés. Le condenseur joint à cette machine est peut-être un luxe inutile. Dans tous les cas, il sera difficile d'établissement, et nous ne croyons pas qu'il puisse fonctionner convenablement.

En effet, ce condenseur et sa pompe à air sont complétement séparés de la locomobile ; mis par terre dans un trou, la pompe à air est reliée à l'arbre moteur par une bielle en fer. Il en résulte que le moindre tassement dans le sol dérangera tout le système et amènera même des bris ; et ces tassements du sol, ces dérangements de la machine sont fort à craindre, puisqu'il n'y a aucune fondation pour l'établir, et enfin qu'elle est locomobile.

Pourquoi ne pas avoir accroché la pompe à air sur un des flancs de la chaudière? au moins on aurait eu un ensemble durable. Du reste, nous ne préconiserons pas ce système d'ajouter le condenseur aux locomobiles ; il serait regrettable d'entrer dans cette voie.

La locomobile n'est pas appelée à remplacer la machine fixe ; son caractère principal doit être la légèreté, la simplicité, la rapidité de l'installation dans un endroit quelconque : aussitôt arrivé, aussitôt en marche.

Il faut donc, sur les locomobiles, supprimer tous les organes qui ne sont pas de première nécessité : pompes à air, condenseur, régulateur à boules ou sans boules, etc. La détente variable peut bien être conservée, mais à condition qu'elle soit la plus simple possible.

La machine élévatoire se compose de quatre pompes de prêtre accouplées. L'organe principal de ces pompes est un disque en cuir double, pincé sur les bords par l'enveloppe en fonte des pompes qui est formée de deux cloches appuyées base à base.

M. Nillus dit ses pompes sans frottement; il ne paraît pas prouver cependant que la force nécessaire pour faire mouvoir un piston métallique bien ajusté soit bien supérieure à celle nécessaire pour faire passer ce double cuir de la forme concave à la forme convexe à chaque coup de piston.

Ce système de pompe est déjà ancien, et, dans sa nouveauté, il n'a pas eu grand succès ; en effet, l'entretien du piston en cuir est toujours considérable. Ces pistons se détériorent très-vite quand les pompes restent sans travailler et même en travaillant.

Cependant, ces pompes peuvent être d'un emploi fort judicieux, quand il s'agit de pomper des eaux bourbeuses tenant du sable en suspension ; c'est donc uniquement comme pompes d'épuisement que le système peut servir.

En résumé, dans les classes 52 et 53 de l'Exposition, les départements de la Seine-Inférieure et de l'Eure tiennent le rang que devaient y tenir deux départements manufacturiers, qui, de tous temps, se sont occupés de constructions mécaniques. La machine à deux cylindres et à balancier a été appelée machine rouennaise, et, sous ce rapport, Rouen maintient encore sa supériorité à l'Exposition : c'est bien encore la machine rouennaise.

MACHINES OUTILS.

Si nous exceptons la maison Mazeline, du Havre, nos départements ne brillent pas à l'Exposition dans la classe des machines outils. Les ateliers de construction de la Seine-Inférieure sont en général peu nombreux et par contre assez mal outillés. Ceux qui ont pris quelques développements ou bien ont fait venir leurs outils du dehors, ou bien les ont confectionnés eux-mêmes, il en résulte que nous possédons peu d'ateliers qui fassent la construction des machines outils proprement dits.

La maison Mazeline, à cause de l'extension considérable qu'elle a prise dans la construction navale, a senti la nécessité de se créer un matériel spécial et d'avoir des outils puissants pour travailler les belles machines qui sortent de ses ateliers. Aussi cette maison, pour son outillage, se tient à la hauteur des premières maisons de France.

Son exposition comprend une machine à percer ordinaire, une machine à raboter verticale de moyenne grandeur, une autre machine de même système, mais plus puissante ; cette machine porte son moteur spécial, disposition qui la rend complètement indépendante de la transmission générale de l'atelier. Pour ces machines, l'outil est mené par une vis sans fin ;

Une forte machine à alézer verticale. Cette machine est un outil spécial qui sert à alézer des pièces peu longues, comme les coussinets de machines de bateaux ;

Un tour à fileter de moyenne grandeur, un grand tour à fileter, enfin un tour à banc rompu ; une machine à mortaiser et une machine à percer radiale. Cette collection est assez complète et est fort bien exécutée.

Il faut encore ajouter le ventilateur portant sa machine. Ce petit moteur fait environ 400 tours par minute, et, quoique très-petit, développe une force de 4 à 6 chevaux. Ces petites machines doivent se déranger souvent; mais leur emploi est si commode, et elles rendent de tels services, qu'on ne saurait trop les recommander.

Elles permettent de rendre les outils principaux d'un atelier complétement indépendants les uns des autres et indépendants de la commande générale, ce qui est une très-grande facilité pour leur emploi.

La maison Minier, de Rouen, expose une collection assez complète de machines à raboter, plan et circulaire, convexe, machines à mortaise, tour parallèle, machine à diviser, etc.

Ces machines sont assez bien exécutées, mais sont vieilles de formes et ne présentent aucune particularité nouvelle.

Ainsi, les machines à raboter sont mues par des chaînes, et si elles peuvent raboter convexe, elles ne le peuvent pas concave. Il n'y a pas à s'arrêter davantage à ces machines.

M. David expose, dans l'annexe de la classe n° 54, une machine à briques dont la manœuvre est assez facile ; elle est bien établie et très-solide. Cependant nous trouvons cette machine un peu compliquée et peu maniable. A côté de la même machine, il y en a une de M. Durand, qui, au contraire, est de la plus grande simplicité, et surtout doit coûter beaucoup moins cher. Nous la citons comme point de comparaison.

Quoi qu'il en soit, cette machine de M. David doit bien travailler, parce qu'elle soumet la brique à une pression graduée et très-énergique.

M. Normand, au Havre, expose une scie droite à gros

bois et une scie courbe pour le travail des membrures de navires.

Nous nous rappelons que, en 1859, étant en tournée de vacances au Havre, nous avons visité les ateliers de construction de M. Normand; nous avons vu une collection admirable de scies pour les divers services de la construction des navires, des scies à chantourner du plus beau modèle et parfaitement comprises. Nous espérions que l'exposition de M. Normand nous aurait montré, en 1867, quelque chose de plus parfait et de plus ingénieux encore; nous avouerons que notre espoir a été déçu et que nous n'avons vu au Champ-de-Mars rien qui soit digne de la réputation de cette maison si connue.

La ville de Fécamp est représentée dans la classe 54 par deux constructeurs, MM. Sautreuil et Ce et M. Freret, qui exposent une série fort complète de machines à travailler le bois.

Nous avons surtout remarqué la scie de M. Sautreuil et Ce à scier les bois courbes. Cette machine guide parfaitement la pièce de bois, quelles qu'en soient les courbures, avec la plus grande facilité.

Les autres machines à fabriquer les planches, parquets et moulures, à raboter, à rainer, etc., jointes aux machines de M. Fréret pour faire cinq mortaises, pour faire deux tenons ou à raboter sur les quatre faces, fournissent aux menuisiers toutes les facilités pour faire promptement et à bon marché une foule d'ouvrages différents. C'est la collection la plus complète de l'exposition française dans ce genre.

MATÉRIEL ET PROCÉDÉS DE FILATURE ET DE TISSAGE.

L'exposition rouennaise des machines propres à transformer la laine et le coton est en général très-satisfaisante. Elle permet de constater qu'un certain nombre de constructeurs font des efforts réels pour faire une concurrence sérieuse aux machines anglaises, dont la supériorité a été incontestée jusqu'à ces derniers temps.

Nous citerons, en première ligne, la maison Mercier, de Louviers, qui occupe une des places les plus honorables à l'Exposition universelle. Elle fait fonctionner une série complète de machines pour la préparation et la transformation de la laine cardée et de la laine peignée, ainsi que plusieurs métiers à tisser.

L'assortiment de la laine cardée se compose des machines suivantes : 1° Une *échardonneuse* se chargeant automatiquement au moyen d'une toile sans fin verticale armée de dents en cuivre. Cette toile passe dans une caisse dans laquelle on dépose la laine à travailler et qui se trouve entraînée peu à peu par les crocs de la toile sans fin. La production de cette machine est de 300 à 500 kilog. de laine par journée de dix heures de travail;

2° Un *loup* avec chargeur automatique, muni d'un graisseur également automatique. Cette machine peut travailler 1,000 à 1,500 kilog. de laine par jour ;

3° Un assortiment de trois cardes formées d'une *briseuse,* d'une *repreneuse* et d'une *boudineuse,* qui se chargent toutes automatiquement et d'une manière fort ingénieuse, en ce que la laine, en sortant de la première de ces machines, passe directement, sous forme de gros boudins, dans la seconde, où un mécanisme spécial l'étale par couches obliques derrière les cylindres alimentaires.

De cette deuxième carde à la troisième la laine est transmise de la même façon ; elle en sort sous la forme d'un certain nombre de boudins assez minces obtenus par un système de cylindres animés d'un mouvement de va-et-vient en sens inverse et simultané en même temps que d'un mouvement de rotation.

Ces boudins enroulés en bobines sont passés directement au sel-facting ou métier renvideur automate de 400 broches.

Les fils produits par ce métier sont très-réguliers, ce qui milite en faveur de sa bonne marche.

L'assortiment des machines pour la transformation de la laine peignée consiste : 1° en une double carde qui reçoit la laine déjà travaillée par les deux premières machines décrites pour le travail de la laine cardée ;

2° Un gill avec porte-bobine pour l'étirage de la laine ;

3° Une peigneuse circulaire et continue du système Noble. Cette machine, par suite des perfectionnements qu'elle a subis, produit un travail irréprochable. Elle peut peigner 200 à 400 kilog. de laine par jour ;

4° Une pelotonneuse avec porte-bobine ;

5° Un métier renvideur automate de 440 broches, pouvant filer du n° 90.

Plusieurs métiers à tisser sont exposés par la maison Mercier. Deux d'entre eux fonctionnent. L'un d'eux tisse les draps de grande largeur, le mérinos et le brillanté, et l'autre la petite nouveauté. Tous ces métiers sont munis d'un système d'embrayage à friction, avantageux tant pour sa simplicité que parce qu'il ne produit aucune secousse lors de la mise en marche.

Dans l'emplacement attenant à l'exposition de M. Mercier, nous trouvons une machine à feutrer, de M. Vouillon, appartenant à MM. Bouillet et Malherbe. Cette machine fonctionne dans les bonnes conditions, et, comme machine spéciale, elle ne laisse pas que d'être très-intéressante.

M. Fléchcu-Lainé, de Rouen, expose un sel-facting pour laine cardée, qui marche avec une grande rapidité et fait un fil irréprochable, depuis les fils les plus fins et les plus beaux, jusqu'aux renaissances pures. Sa production dépasse de beaucoup, à nombre égal de broches, celle des métiers ordinaires; ainsi, en trame, une broche ordinaire produit 4,500 mètres par jour, et en chaîne de 3,200 à 3,600. L'avantage remarquable de ce métier est de fournir un étirage de 3 contre 1, de sorte que, avec une longueur de 60 à 65 centimètres, on obtient une aiguillée de 2 mètres.

Ce métier est du reste d'une grande simplicité, et ce n'est certes pas son moindre mérite.

MM. Vallery et Delaroque, constructeurs, ont exposé une carde à chapeaux pour le travail du coton, munie d'un débourrage automatique. Cet appareil est disposé de façon à débourrer trois fois les neuf chapeaux les plus rapprochés de l'alimentation et une seule fois les autres. Cette idée, fort juste, a pu être réalisée par l'application sur la carde d'un mécanisme relativement peu compliqué et qui fonctionne avec la plus grande régularité. Ces messieurs ont exposé un rota-frotteur pour le travail du coton à filaments courts. Il est muni d'un système de cylindres-étireurs qui permettent de donner aux rubans de coton un étirage de 5 avant de les engager dans le rota proprement dit. Cette machine est très-économique, puisqu'elle produit du même coup le travail d'un étirage et celui d'un banc-à-broches. Les mêmes constructeurs ont exposé une trieuse pour laines.

M. Lacroix fils, de Rouen, a une fort belle exposition de divers métiers à tisser et d'une machine à élargir les tissus avec pinces garnies de cuivre. Cette garniture en cuivre des pinces remédie à l'inconvénient de laisser des traces de rouille sur les étoffes. Il est infiniment plus facile de les tenir proprement.

Apprêts, etc. — Une importante exposition est celle de M. Nos-d'Argence, de Rouen. Ses chardons métalliques ont déjà obtenu la médaille d'argent en 1855, leur fabrication a été poursuivie avec un plein succès depuis cette époque.

Cette industrie a le plus grand avenir, et tout engage nos industriels à poursuivre la voie dans laquelle s'est si hardiment engagé M. Nos-d'Argence.

Il a appliqué ses chardons métalliques à la création d'une importante machine laineuse velouteuse, qui permet de supprimer l'opération du battage, diminue par conséquent la main-d'œuvre d'une manière très-notable et permet en outre de préparer les draps de qualités irréprochables.

Une petite laineuse-éplucheuse a été exposée par le même constructeur. Cette machine fort simple est disposée de façon à pouvoir servir à volonté d'éplucheuse sans produire de poils, ou de garnisseuse pour obtenir directement des étoffes à poils debout, sans le secours de la batteuse. Les chardons métalliques ont été appliqués à cette machine.

Parmi les principaux constructeurs de machines ou partie de machines destinées à travailler et à transformer la laine et le coton, nous citerons MM. Calvot-Rogniat et Ce, à Louviers, et M. Grossin Levalleux, MM. Fumière, Miroude, à Rouen ; M. Brié, à Saint-Pierre lès-Elbeuf, et L'Huillier, à Louviers, qui ont exposé des plaques et des rubans de cardes ; M. Béranger, d'Elbeuf, une laineuse à mouvement de va-et-vient, ce qui permet de régulariser le travail du chardon végétal. M. Bons, de Bolbec, a exposé des peignes et des lames pour le tissage, et M. Dubus, de Rouen, un tour à aiguiser les cardes.

Malgré cette exposition assez complète, nous ne pouvons nous empêcher de remarquer le peu de développement que la construction des métiers à filer et à tirer a pris dans nos départements. Les métiers à filer le coton font complétement défaut à l'Exposition. Les plus grands établissements continuent à se fournir, soit en Angleterre, soit en Alsace, où ils trouvent des appareils mieux faits et à meilleur marché.

C'est un état anormal qui ne saurait durer. Partout, autour des grandes manufactures, nous voyons se développer la construction des machines comme une annexe indispensable ; nos départements seuls font exception à cette loi naturelle. On ne saurait donc trop féliciter nos constructeurs pour les efforts qu'ils ont faits pour nous affranchir de ce tribut payé à l'étranger. C'est surtout à nos grands industriels à les encourager dans cette voie, car ce sont eux qui recueilleront le fruit de leurs travaux.

PAPETERIE, TEINTURE ET IMPRESSIONS.

Dans la classe 59, matériel et procédés de la papeterie, des teintures et impressions, les départements de la Seine-Inférieure et de l'Eure n'ont que deux représentants, MM. Chemin père et fils, pour l'Eure, expose des feutres pour papeterie, et M. Tulpin aîné, de Rouen, dont nous avons déjà parlé.

M. Tulpin se montre inventeur et constructeur intelligent, la description de toutes ses machines ne convient qu'aux ouvrages spéciaux sur la matière, et nous ne ferons que les signaler.

En premier lieu, nous citerons sa machine à sécher et à essorer les tissus. Cette machine se compose d'un grand tambour formé d'une double enveloppe métallique dans laquelle la vapeur pénètre à une pression convenable. Ce tambour tourne d'un mouvement uniforme sur deux tourillons percés, l'un, pour amener la vapeur dans le tambour, l'autre pour permettre l'écoulement de l'eau, ce qui se fait très-simplement. Le tissu à sécher est maintenu sur le tambour par deux colliers dont l'écartement est variable et facile à régler, même en marche, suivant la largeur du tissu. Le tambour présente un développement de 12 mètres et marche assez vite pour sécher en une heure environ 600 mètres de tissu avec de la vapeur à deux atmosphères et demi. En sortant du tambour, le tissu séché est ramé par la machine elle-même. Les organes différents de cette machine sont de la plus grande simplicité, tous accessibles pendant la marche et d'une exécution parfaite.

A côté de cette machine nous avons vu un appareil à griller au gaz les tissus. Cet appareil se compose essentiellement de deux tubes portant des becs de gaz alimentés par un petit ventilateur qui a pour but de forcer le gaz à sortir avec une pression plus grande et par suite de donner à la flamme plus d'étendue.

Le gaz, dans son parcours, se mélange dans la quantité d'air nécessaire à la combustion, de façon à produire une flamme bien pure et bien chaude.

Au-dessus de la flamme et à une petite distance est placé un tuyau servant de cheminée d'appel, dans lequel un ventilateur aspirant donne aux produits de la combustion une grande vitesse et les chasse au dehors.

Le tissu à griller est amené, par des rouleaux convenablement disposés, à une petite distance de la flamme.

Ces rouleaux, se changeant avec la plus grande facilité, se disposent soit pour griller le tissu deux ou quatre fois sur le même côté ou sur les deux côtés. Cet appareil est fort bien disposé, et toutes les précautions sont prises pour assurer au gaz une combustion parfaite, pour régler exactement la quantité d'air et de gaz qui se mélange, et enfin pour assurer le départ immédiat des produits de cette combustion.

M. Tulpin expose encore dans la même annexe, dont il occupe du reste la plus grande surface, un laveur mécanique pour les écheveaux de fil et une cuisine à couleur.

L'appareil pour laver les écheveaux fait le même travail que l'on faisait à la main, mais avec plus de rapidité et plus économiquement. Les écheveaux, passés sur des tambours tournants, sont trempés et balancés dans un bassin contenant l'eau nécessaire au lavage ; le mouvement donné à ces écheveaux est une jolie solution de transmission de mouvement. L'eau entre dans le bassin par un déversoir et sort par la partie opposée, emportant les produits du lavage.

Quand on lave avec des bains spéciaux il est très-facile de régler la quantité de bain dépensée, pour ne pas en perdre inutilement. Cet appareil est du reste de la plus grande simplicité.

Pour voir tous les appareils exposés par M. Tulpin, il faut revenir dans le Palais, où se trouve son essoreuse au large. Cet appareil se compose essentiellement d'un tambour en bois, aussi long que les draps à sécher sont larges. Sur ce tambour on enroule la pièce de drap de façon à éviter les plis, et on lui communique, au moyen d'un plateau à friction, une vitesse qui varie à volonté et peut aller jusqu'à 650 tours par minute; l'étoffe est essorée sur le tambour sans qu'il s'y forme aucun pli. Cet appareil porte un frein pour arrêter son mouvement aussitôt que l'opération est terminée. L'ensemble de ces appareils est très-satisfaisant, la construction en est soignée jusque dans les moindres détails, et l'élégance des formes n'a pas été négligée, et c'est avec grand plaisir que nous avons passé ces appareils en revue.

Classe 65. — *Matériel et procédé du génie civil des travaux publics et de l'architecture.*

M. Moraud, à Bernay, expose des parquets et panneaux. Son système de parquetage permet d'arriver facilement à une grande perfection de dessins tout en livrant les parquets à des prix moins élevés. Les bandes de bois noir formant encadrement des panneaux, tenant toute l'épaisseur du panneau, sont appliquées simplement sans travail difficile et sont cependant d'une grande solidité.

MM. Du Boulet et Godot, et MM. Boussiccau et Bellot exposent les premiers les travaux d'endiguement de la Seine-Inférieure; les seconds, l'écluse de la citadelle du Havre. Ces immenses travaux faits par l'Etat sortent du domaine de notre appréciation. De plus, ces travaux ne sont pas l'œuvre d'un homme, mais d'une succession d'ingénieurs éminents qui ont été chargés des travaux du département depuis 1846.

Pour les travaux de la Seine maritime, il faut remonter jusqu'à M. Frimot, pour retrouver l'idée première qui a été mise en pratique par ses successeurs. M. Frimot proposa de resserrer le lit de la rivière par des digues longitudinales parallèles à son axe et formées de caissons remplis de pierres ; après lui M. Bleschamp émit l'idée de remplacer les caissons par de simples enrochements. Ce système fut mis en p.atique en 1848 pour l'amélioration de la traverse de Villequier ; la réussite complète de cet essai détermina le reste des travaux.

Depuis, MM. Doyat, Beaulieu, Emmery et Du Boulet ont pris part à ces travaux comme ingénieurs en chef des ponts et chaussées, et MM. Partiot et Godot comme ingénieurs ordinaires. La surveillance des travaux a été confiée à M. Sadlucki, conducteur.

La réussite de ces travaux a été complète, le chenal de la Seine a été redressé et approfondi ; de plus, on a gagné sur le fleuve une superficie de 8,600 hectares, d'une valeur de vingt-un millions cinq cent mille francs. La dépense pour l'exécution des travaux a été seulement de treize millions cinq cent mille francs. Il est vrai que l'Etat n'a retiré des terrains, comme plus-value, qu'une somme de trois millions huit cent mille francs.

Indépendamment de ce résultat considérable pour les riverains, la chambre de commerce de Rouen évalue à trois millions et demi l'économie annuelle obtenue par le commerce et la navigation à la suite des travaux d'endiguements exécutés jusqu'à ce jour.

L'écluse de la citadelle du port du Havre, due à MM. Bous-siccau, ingénieur en chef des ponts et chaussées, et Lemaître, ingénieur ordinaire, est un travail considérable. Cette écluse mesure 30 m. 50 de largeur, le creux de la passe en pleine mer de morte eau est de 8 m. 50. Elle a été calculée non-seulement en vue d'y recevoir les plus forts navires usités aujourd'hui, mais encore ceux qui seraient proportionnés aux passes du port de New-York, avec lequel le port du Havre a ses principales relations.

L'écluse est pourvue, par mesure de précaution, de deux paires de portes d'èbe destinées à faire chacune au besoin, par exception et sans le concours de l'autre, le service du bassin. Chaque vantail a une largeur de 17 m. 50 et une hauteur de 9 m. 80; son épaisseur, au milieu, est de 1 m. 90.

Le pont destiné au passage des piétons et des voitures est à double voie avec trottoirs; il est composé de deux volées de 29 m. 58 de longueur chacune, qui se manœuvrent simultanément en deux minutes pour l'ouverture et en trois ou quatre minutes pour la fermeture.

L'écluse, les portes et le pont ont coûté ensemble environ trois millions et demi.

L'ordre adopté dans le Champ-de-Mars ne nous a pas permis de trouver tous les exposants de la classe 65. C'est par le plus grand hasard que nous avons aperçu les volets mécaniques de M. Lefebvre, de Rouen. Ces volets, ou lames de levis, que tout le monde connaît à Rouen, se trouvent à l'Exposition entre le parc anglais et le parc du Maroc, dans un îlot français, où se trouvent de beaux échantillons de granit. Enfin, près de la porte de Grenelle, j'avoue que nous n'avions pas découvert ce nid tout seul, nous le disons tout de suite, car ce serait de la fatuité que de le laisser croire.

M. Piquerel expose des briques surcuites de la briqueterie de Saint-Paul, à Lyons-la-Forêt. Pardon, il faut laisser le Maroc, traverser le parc français, et revenir à l'annexe de la classe 65, près de l'avenue de Labourdonnaye. Les briques de M. Piquerel sont très-belles. La surcuisson lui a créé une difficulté pour conserver les briques planes et les arrêtes bien droites; les produits exposés sont bons.

Dans la même annexe on trouve les carreaux et mosaïques de M. Carpentier, de Forges. Ces produits sont assez communs et ne peuvent guère servir que pour les carrelages de peu de luxe.

En général, nos départements sont assez faibles dans cette classe; nous exceptons, toutefois, les travaux faits par l'Etat. Le nombre de nos exposants n'est pas grand, sept seulement, et les travaux qu'ils ont exposé n'ont rien de bien remarquable.

Il nous reste à dire quelques mots de diverses industries spéciales.

Dans une annexe de la classe 50 nous avons remarqué les meules de moulin de M. Bonvallet-Védée, de Sainte-Colombe, près Gaillon; ces meules sont moins belles peut-être que celles de la Ferté, cependant elles peuvent fournir un bon service.

M. Chaudet, de Rouen, seul exposant de la classe 51, occupe une annexe avec ses machines à laver la laine. La pièce principale de la machine à laver est un rouleau comprimeur en laine formé de lames de feutres fortement pressées, puis découpées pour former un cylindre parfait. Ce rouleau est inusable et a le grand avantage de ne pas feutrer le laine lavée sortant du bain.

Dans ses laveurs et dégraisseurs, M. Chaudet emploie toujours le système automatique, de façon à simplifier la main-d'œuvre. La laine est resserrée dans les bains par de grands râteaux à mouvement parallèle, qui, quand le lavage ou le dégraissage sont terminés, retirent la laine du bain et la portent sur des tables sans fin.

Les ouvriers n'ont plus qu'à charger les bains et à ramasser la laine comprimée pour la porter au séchoir.

Le séchoir est un ventilateur qui aspire l'air et le force à tourner sur la masse de laine en entraînant l'eau interposée. Tous ces appareils sont d'une grande simplicité et d'une combinaison intelligente; enfin, dans la classe 47,

MM. Bickford, Davey, Chanu et Cᵉ, de Rouen, exposent des fusées de sûreté pour le tirage des coups de mines; ces fusées sont préparées pour tous les cas qui peuvent se présenter dans l'attaque à la mine des rochers, soit dans un terrain sec, soit dans des terrains humides, soit enfin sous l'eau. Ces fusées et les mèches préparées par cette maison rendent les plus grands services à l'exécution des travaux de terrassements. Les autres parties du groupe VI sortant trop de notre spécialité, nous ne pouvons entreprendre d'en rendre compte, et nous laissons la plume à une main plus habile.

Jules DELAUNAY,

Ancien élève de l'Ecole impériale centrale des Arts et Manufactures, chevalier de l'ordre royal d'Isabelle-la-Catholique.

INDUSTRIE COTONNIÈRE

FILÉS ET TISSUS ÉCRUS

Pour donner une idée complète de l'exposition des produits principaux de l'industrie de la Seine-Inférieure au Champ-de-Mars, il ne nous reste plus à parler que des filés et des tissus écrus de coton. Ces deux grandes branches de l'industrie cotonnière ne tiennent qu'une place infime dans le palais de l'Exposition. La Commission impériale, qui a distribué si généreusement l'espace aux petites industries de luxe, semble avoir à peine soupçonné l'existence de la plus grande industrie du monde. L'industrie cotonnière est, en effet, celle qui donne lieu au plus grand trafic, soit pour la production des matières premières, soit pour leur transport, soit pour leur manutention. C'est, enfin, celle qui opère sur les capitaux les plus considérables et met en mouvement les sommes les plus importantes. Dans ces dernières années, la valeur réelle du coton brut absorbé par les manufactures de l'Europe ne s'est pas élevée à moins de deux milliards par année, et la valeur des produits représente, en main-d'œuvre, en matières de toutes sortes pour achever le produit, une somme à peu près égale. C'est donc un total de plus de quinze cents millions de salaires, et de quatre milliards de valeurs produites, dont on trouve à peine la trace à l'Exposition universelle.

Nous ne nous étendrons pas longuement sur la description des ingénieux et intelligents appareils qui sont employés par l'industrie de la filature et du tissage du coton. L'Exposition, sous ce rapport, ne constate aucune espèce de progrès sur les Expositions précédentes, et les machines exposées, soit dans la section française, soit dans les sections anglaise et allemande, se font remarquer uniquement par la perfection de leur exécution et le fini de leur travail. Mais nous n'y avons trouvé aucune innovation, aucune invention qui puisse avoir sur l'économie et la perfection de la fabrication une influence de quelque importance. On ne rencontre même plus, dans le Palais, les machines les plus perfectionnées employées par la filature et le tissage pour approprier au travail de cette industrie les cotons de qualité inférieure, qui ont été presque les seules sources de l'alimentation de son travail pendant la guerre d'Amérique. Les cotons des Indes, qui sont si heureusement venus remplir une partie des vides créés par l'absence des cotons du sud des Etats-Unis, ont exigé des appareils spéciaux pour leur préparation, qu'on cherche vainement dans ces immenses galeries remplies d'une si prodigieuse quantité d'objets de fantaisie et d'inutilité, exposés par des marchands de Paris, qui n'ont rien de commun avec les fabricants véritables et les vrais manufacturiers. Par suite de la disposition circulaire adoptée pour le plan du Palais, l'arrangement de toutes les machines exposées présentait les plus graves inconvénients, et aucun modèle d'assortiment de fabrication complète ne pouvait être exhibé comme modèle d'organisation industrielle.

Aussi les maisons de construction ont-elles été obligées de réduire les proportions des machines exposées, comme les sel-facting à filer, par exemple, au-dessous de la moitié des dimensions qui se pratiquent dans l'organisation des établissements industriels de ce jour. Ainsi, on chercherait en vain, dans le Palais de l'Industrie, des métiers de ce genre dépassant 500 broches, qui était la dimension pratiquée il y a vingt ans, tandis qu'on ne pourrait citer un établissement de filature moderne, créé depuis huit ou dix années, avec des dimensions aussi restreintes. Toutes nos usines, au contraire, aujourd'hui emploient des machines depuis 800 jusqu'à 1,200 broches. Il est éminemment regrettable que, dans une exposition industrielle de cette dimension, l'organisation du bâtiment n'ait pas permis aux constructeurs, soit francais, soit étrangers, de faire juger le degré de perfection qu'ils avaient atteint dans la construction de cette immense machine ; car, il ne faut pas se le dissimuler, les difficultés à vaincre par l'art du constructeur croissent dans une immense proportion avec la dimension des machines.

Pour ce qui est du tissage, nous avons retrouvé là les modèles de quelques-unes des maisons d'Angleterre, qui fournissent à notre pays des métiers pour le tissage, soit des étoffes unies, soit des étoffes façonnées, soit à plusieurs couleurs et à plusieurs navettes. Les ateliers de construction de notre région ont aussi exposé quelques modèles qui ne le cèdent en rien en perfection aux métiers de l'autre côté de la Manche.

L'exposition particulière des tissus, dont Rouen est le centre de fabrication, justifie, pour sa part, l'exposition générale du reproche qui ne lui a pas été épargné de se composer moins des articles de consommation usuelle que des produits de l'industrie de luxe. Elle se fait remarquer, en outre, par un caractère tout particulier de sincérité, car elle présente ses produits aux visiteurs tels qu'ils sont offerts à l'acheteur, et l'on y peut vérifier les tissus aussi aisément que chez le fabricant lui-même. Il n'en est pas de même des exposants anglais, qui ont enfermé les leurs dans des vitrines. On peut les regarder, mais il n'est pas permis d'y toucher, et, par conséquent, on ne peut guère se rendre compte du mérite réel des tissus.

Comme nous l'avons dit en commençant, la filature, le tissage mécanique de la Normandie ont pris très-peu de représentants au Palais du Champ-de-Mars. Cependant, l'ensemble des expositions des différents industriels peut fournir un spécimen à peu près complet des différentes fabrications de nos contrées.

Quant aux étrangers, ils semblent avoir ignoré ou n'avoir voulu prendre aucune part à cette exposition, car la première industrie de l'Angleterre, l'industrie cotonnière, n'y est représentée que par deux ou trois maisons, dont une seule, M. Samuel Radcliffe, a exposé des produits qui se rapprochent de la fabrication rouennaise. Toutefois, comme cet industriel a eu soin d'enfermer tous ses produits sous verre, il nous a été impossible d'en apprécier le vrai mérite et d'en faire la comparaison.

La Belgique est représentée par quatre maisons : MM. *Vanhecke et Vanderhuydin*, de Gand, pour leurs filés écrus et blancs ;

De Smet frères, pour leurs cotons remarquablement bien nettoyés, leurs coutils velours façonnés ;

Rossul et Ce, de Gand, pour leurs chaînes continus, tissus lisses et façonnés ;

Ferd. Lonsbergs et Ce, de Gand, tissus écrus et façonnés.

L'exposition belge prouve que la ville de Gand tient et conserve son ancienne réputation. Les tissus exposés sont tous d'une bonne fabrication.

La Hollande est représentée par un seul établissement.

Il n'en est pas de même de la Suisse, où, grâce à l'abondance et à la puissance des chutes d'eau, au bon marché des matériaux de construction, spécialement au bas prix de la main-d'œuvre, il s'y élève tous les jours de nouveaux ateliers qui nous promettent une concurrence tout aussi redoutable que celle de l'Angleterre.

Déjà l'an dernier, les Suisses nous ont envoyé une quantité importante de tissus pour impressions. Il suffit, du reste, de lire parmi les exposants des noms comme celui de Henri Kuntz, le Spinnerkœnig (roi des filateurs suisses), qui file depuis le nº 16 jusqu'au nº 200, pour se rappeler quelle importance les Suisses ne craignent pas de donner à leurs entreprises.

A côté de ce puissant manufacturier, trois ou quatre noms distingués comme filateurs et tisseurs représentent dignement leur pays. Ces maisons ont leurs usines situées à Winthertben, à Zurich, à Frauenfeld, etc.

Le Zollwerein est faiblement représenté à l'Exposition universelle. Des agglomérations entières de ce pays font défaut.

La Saxe seule fait une louable exception ; elle a exposé quelques bons cotons filés, moulinés et retors, destinés à l'emploi du tricot ; mais il est impossible, avec des spécimens si restreints et si rares, de porter un jugement sur l'importance et le degré d'avancement de l'industrie cotonnière chez cette nation, qui paraît avoir donné un si grand développement aux manufactures de coton.

Avant de revenir sur nos pas nous pouvons jeter un coup d'œil sur l'exposition russe, dans laquelle nous trouvons les beaux produits de la filature Newski, à Saint-Pétersbourg, et ceux de la manufacture de Risutaw. Cette dernière emploie surtout les cotons de provenance asiatique, tels que ceux de Perse et de Boukara.

Les échantillons envoyés par l'Espagne et le Portugal sont si rares, si peu importants, qu'il est impossible de juger d'une industrie sur de semblable données.

Dans la partie de l'exposition américaine, nous avons à citer la vitrine de la Clark, Thread, company de Newakr, remarquable par des cotons bien préparés et de bons fils à coudre. Du reste, la filature des Etats du nord de l'Amérique, qui est si développée et suit une marche progressive si formidable, qu'elle est arrivée à employer une quantité de coton double de celle consommée en France, s'est complétement abstenue de paraître à l'Exposition. Nous n'avons donc pas à nous en occuper ; nous savons seulement que, grâce au système économique sous lequel ce grand pays a placé ses manufactures, non-seulement les cruelles plaies faites par la guerre de la sécession se referment rapidement, mais qu'encore les recettes abondent dans le Trésor; la dette publique décroît rapidement et l'industrie nationale, dans toutes les branches de fabrication, soit de la soie, soit de la laine, soit du lin, soit du coton, se développe avec un prodigieux élan.

Par contre, tous les fabricants européens, malgré les exportations que leur avaient promis, après la fin de la guerre, les théoriciens économistes, voient leurs produits surchargés de droits considérables à l'entrée et refoulés vers les pays producteurs.

De l'ensemble de ce qui précède, il résulte pour nous que les mêmes causes ont produit partout les mêmes effets, et que l'emploi forcé des cotons de l'Inde pendant la guerre d'Amérique a nécessité la réforme des vieux matériels dans tous les pays où le coton se travaille manufacturièrement.

Il n'est donc plus possible de dire aujourd'hui que tout un pays travaille mieux ou plus mal que tel autre, parce que chaque contrée a à sa disposition les matériels neufs qui conviennent le mieux à sa fabrication spéciale.

Aussi, malgré la longue et pénible crise que le pays a eu à traverser depuis 1860, nous retrouvons les différents centres de production française, le Nord, l'Alsace et la Normandie, dans les conditions relatives où nous les avons toujours connues.

L'industrie du Haut-Rhin et des Vosges est représentée par les Schlumberger, les Bouscart, les Dolfus, etc. ; tous noms qu'il suffit de citer pour faire l'éloge de leurs produits. A côté d'eux, nous trouvons encore MM. Kœchlin et Ce, Kœchlin, qui exposent des cotons filés avec des Cocanadah, ou des cotons jaunes de l'Algérie, ainsi que des calicots lisses et façonnés de très-bonne qualité. A côté d'eux viennent les fils de E. Lang, G. Forrel, Louis Bian, Boigeol-Japy, qui exposent des cotons filés et tissus qui se rapprochent beaucoup des cretonnes qui se font à Rouen, et qui peuvent leur faire une très-dangereuse concurrence dans la consommation. Nous ne pouvons enfin passer sous silence les filés et les tissus hors ligne de MM. Geliol, Victor Erhard, Zeller frères, Jean Larcher-Spatz, Straswewetz, etc. ; enfin nous terminons en citant les cretonnes tout à fait supérieures, ainsi que tous les tissus de la maison Gros, Roman et Marszeau.

L'ensemble de l'exposition alsacienne domine incontestablement, par la beauté et la perfection de ses produits, toutes les expositions du même genre. Elle doit cette supériorité, non-seulement à l'emploi spécial des matières premières les plus belles, mais encore à l'application et à l'assiduité des ouvriers alsaciens, qui, par nature et par caractère, apportent à la confection des genres les plus ordinaires autant de soins qu'à celles des articles les plus fins et de la plus grande valeur.

Parmi les filateurs du Nord, MM. Wilhaux, Florin, et M. Motte-Bossu ont exposé des filés de très-bonne qualité courante. Pour ce qui est de la Normandie, après avoir examiné les produits exposés, soit des autres contrées de la France, soit de l'étranger, il nous sera plus facile d'en faire la comparaison avec ceux fabriqués dans le rayon normand.

Nous devons constater d'abord, pour n'y plus revenir, que dans la filature aussi bien que dans le tissage, que nos industriels développent tout autant d'habileté et de talent que les Anglais ou leurs autres concurrents. S'ils ont une infériorité, elle n'existe qu'au point de vue du prix de revient de leur fabrication. Quoique les produits exposés par nos adversaires ne portent pas de prix de revient ou de vente dans le pays de fabrication, nous savons par expérence que chez nous les tissus et filés, à qualité égale, sont plus chers de prix d'établissement; cela ne tient en aucune façon de l'outillage, ni à une combinaison industrielle quelconque, mais à des causes et à des circonstances que chacun connaît et qu'il est humainement impossible d'éviter.

Notre honorable collègue, M. Cordier, a fait voir de la manière la plus évidente, dans l'introduction de ce rapport, les causes qui grèvent les prix de revient de notre industrie. Nous les avons tant de fois exposés, soit à la tribune, soit dans nos rapports à la Chambre de Commerce, qu'il serait inutile de revenir aujourd'hui sur ce sujet et de les énumérer de nouveau. Les conditions relatives de fabrication entre les différents pays concourrents subsistent toujours, comme en 1860, et dans les mêmes proportions. Nous ne doutons pas que nos adversaires en économie politique, en présence de la qualité et de la perfection des produits de notre pays, malgré l'absence et l'abstention calculés, les gens de Manchester et Glascow commencent après l'Exposition, et toujours avec la même bonne foi, à célébrer nos succès, à vanter notre habileté, à admirer la perfection de nos travaux, pour entonner l'hymne de triomphe de notre industrie dans la carrière du libre-échange.

Nous avons cherché en vain les bienfaits que nous a apporté le nouveau régime inauguré en 1860.

Toutes les grandes industries du pays, sans exception, ont passé depuis cette époque par les plus rudes et les plus cruelles épreuves. Mais pour ne nous renfermer que dans notre industrie spéciale, nous dirons : Il faut absolument fermer les yeux à la lumière pour ne pas reconnaître que l'industrie cotonnière est complétement arrêtée dans son essor.

La concurrence des Anglais et de la Suisse a limité, à ce point, les profits qui devaient être la compensation des changes aléatoires qui existent dans toute industrie, si sagement et si rationnellement exploitée qu'elle soit, que les créations nouvelles ont à peu près disparu, que les catastrophes les plus graves ont atteint un grand nombre d'établissements qui ont ralenti, dans une forte mesure, leurs travaux ou qui ont cessé complétement leur exploitation.

Parlerons-nous des désastres qu'entraînent encore aujourd'hui, trois ans après la fin des guerres d'Amérique, les liquidations forcées, soit par l'insuccès, soit par les dissolutions de société, soit par la mort des propriétaires d'usine, liquidations qui entraînent le partage entre les intéressés? Qu'un des prôneurs du succès de la nouvelle doctrine vienne assister en Normandie, soit chez un notaire, soit devant un tribunal, à la vente d'une usine nouvellement ou anciennement créée, c'est là qu'il pourra juger de la vérité de ces affirmations, quand il verra vendre à 15 ou 20 0/0 de sa véritable valeur la propriété d'une famille industrielle si bonne et si bien établie qu'elle soit; il reconnaîtra alors que ceux qui annonçaient les déplorables résultats qui devaient être la conséquence pour l'industrie du pays des nouvelles réformes étaient dans le vrai il y a sept ans, et que leurs prédictions ne se sont malheureusement que trop bien réalisées ! Il ne suffit pas, pour démontrer la prospérité industrielle d'un pays, de dresser à plaisir des tableaux de douane fantaisistes et d'attribuer à la production du pays, soit agricole ou manufacturier, des produits qui ne sont jamais sortis ni de son sol ni de ses ateliers. Il faut aller au fond des choses et vérifier la valeur des chiffres.

Ce que nous disions en 1860 du prix des charbons, du fer, des machines, de la perfection, de la main-d'œuvre, est resté relativement exact. Les droits si modérés établis dans le traité de 1860 n'ont servi qu'à préserver l'industrie d'une ruine radicale. Sans ce dernier vestige de protection, elle eût été brisée comme un verre.

Du reste, l'arrêt complet du développement de l'industrie et la décroissance des établissements industriels dans notre contrée, soit en filature, soit en tissage, soit en fabrique d'indiennes, est la meilleure réponse à faire aux aveugles qui ne veulent rien voir ni examiner.

Cette situation, si précaire et si déplorable, faite à l'industrie du coton, se retrouve exactement la même dans l'industrie maritime qui l'alimente. En effet, la marine marchande, qui avait cru au sophisme de la liberté commerciale, est la première à reconnaître aujourd'hui ses erreurs et la décadence complète dans laquelle elle est tombée, soit dans les ports du Havre, de Nantes, de Marseille, de Dunkerque, où les armements sont presque nuls en dehors des compagnies subventionnées, est la meilleure preuve qu'à l'abri de ses réformes elle court promptement à sa ruine.

Nous nous demandons quels bienfaits a produit pour le pays le nouveau régime ? Sur quel point du territoire on en a ressenti les heureux effets ? Quelle branche d'industrie a-t-il donc développé ? Quelles exportations fructueuses a-t-il provoqué ?

Le marasme le plus complet règne sur tout le pays, sur toutes les carrières commerciales et industrielles. Les capitaux, rejetés par l'inquiétude et l'incertitude de toutes les industries manufacturières, restent inactifs dans les caves de la Banque de France. En dépit des brillants états de douane, qui voudraient indiquer une grande activité dans le travail et dans le commerce du pays, nous ne trouvons que la gêne et les plus dures épreuves dans l'industrie de la soie.

La fabrication de la laine est aussi, depuis que l'industrie du coton a repris sa marche habituelle, dans une crise dont personne ne prévoit encore le terme. L'industrie métallurgique a vu s'éteindre ses fourneaux pour une grande partie de ses usines, tandis que les ateliers subsistants ont à supporter une pléthore qui ne leur permet pas même de distribuer à leurs intéressés ou actionnaires que des dividendes qui ne représentent qu'une partie de l'intérêt ordinaire des sommes engagées.

L'industrie du coton, si cruellement éprouvée par la guerre d'Amérique, n'a pu se remettre des pertes qu'elle a subie pendant cette crise, et le traité de commerce se charge aujourd'hui de l'empêcher de revenir jamais dans une situation florissante.

La marine marchande voit chaque jour décroître le nombre de ses navires. Le pavillon étranger prend progressivement la plus large part dans notre mouvement maritime, et notre navigation, qui aurait pu conserver honorablement, au profit de la puissance et de la force du pays, le rang qu'elle avait su conquérir et maintenir depuis longues années, est dans la plus déplorable situation.

L'agriculture, il est vrai, devait profiter largement des nouveaux débouchés offerts à l'exportation de ses produits. Il est bon de remarquer, en passant, que les traités de commerce, à l'exception des vins et des alcools, n'ont provoqué aucun abaissement de tarifs sur les productions de l'agriculture dans l'introduction de ses produits dans les pays étrangers.

Aussi, tandis que l'on vante dans les documents officiels l'augmentation de l'exportation de nos bestiaux, on devrait dire en même temps, dans l'intérêt de la vérité et de la justice, que les importations suivent une marche progressive beaucoup plus rapide, puisque l'introduction est trois fois plus forte que la sortie.

Toutes ces mesures devaient concourir à un résultat qui avait été annoncé de la manière la plus pompeuse et la plus présomptueuse. Il fallait obtenir la vie à bon marché, c'était là le seul moyen, c'était une panacée qui devait faire le bonheur de tous. Or, chacun sait ce qu'il est advenu de ces fallacieuses promesses : tout a augmenté dans une immense proportion, et malgré l'élévation des salaires, il n'est résulté de toutes ces modifications qu'une plus grande gêne dans le pays tout entier pour toutes les classes de la population.

C'est en présence de ces difficultés et de cette situation si précaire que l'industrie normande s'est présentée au concours de l'Exposition universelle.

Avant d'entrer dans l'examen détaillé des diverses exhibitions, nous exprimerons le regret de ne point voir figurer, parmi les noms des exposants, quelques marques justement estimées sur la place de Rouen et des plus répandues. Cela a été, suivant nous, un tort de la part de certains manufacturiers de n'avoir pas voulu exposer leurs produits, par cette raison qu'ils ne fabriquent que des articles classiques, surtout lorsque ces mêmes articles sont de ceux qui se traitent pour les sommes les plus importantes et dont le cours sert en quelque sorte de baromètre pour les autres tissus. Ces regrets donnés aux absents, entrons en matière.

L'exposition de M. Octave Fauquet, filateur à Oissel, l'honorable président de la Société libre d'Emulation de la Seine-Inférieure, est remarquable par les résultats qu'il a obtenus dans la filature des cotons des Indes et des mélanges Amérique dans des n°s 20 à 30 et dans celles des déchets rassortis dont jusqu'ici on ne tirait aucun profit.

Ses voisins, MM. Olantron frères, d'Oissel, exposent des produits similaires à ceux de l'Alsace. Ils filent avec succès des numéros fins pour lesquels ils emploient des cotons de première qualité.

Excellents mécaniciens, MM. Plantron sont inventeurs d'un coping plate pour canettes mécaniques, qui rend les bobines inéboulables et est fort précieux pour les tisseurs.

Citons avec éloges MM. Philippe et Ce, à Cormeilles, et MM. Fauquet-Lemaître et Prevost, de l'Eure.

M. François Delamare-Deboutteville expose les préparations obtenues par les tasseuses dont il est l'inventeur, et dont l'emploi est aujourd'hui si généralement répandu en Normandie.

Son frère, M. Louis Delamarre-Deboutteville, marche sur les traces de son père, c'est-à-dire qu'il expose des numéros fins très-bien traités. Espérons que ce jeune et intelligent industriel mettra à profit ses relations diplomatiques avec la Perse et qu'il saura ouvrir à nos articles des débouchés dans ces contrées lointaines.

Les filés pour bonneterie de M. Georges Guillou sont très-beaux pour ce genre. Les produits de cet établissement, tout récemment créé, jouissent déjà d'une réputation méritée.

M. Gresland expose les spécimens de ses filatures de mèches. Parmi celles-ci, nous en avons remarqué dans lesquelles il extrait jusqu'à cent vingt fils. Certes, si tous les fabricants de bougies employaient des mèches de M. Gresland, le public serait mieux éclairé qu'il ne l'est.

M. Lucas, à Serquigny, a une exposition très-variée : nous y remarquons de très-bons fils retors. L'établissement de M. Lucas appartient à M. le marquis de Croix dont les succès industriels, quoique moins vantés que ceux qu'il a obtenus sur le turf, n'en sont pas moins fort recommandables.

La Société cotonnière de Saint-Etienne expose des filés et tissus fabriqués avec de très-belles matières et qui nous ont paru, par conséquent, supérieurs aux produits des établissements qui n'emploient, pour le même genre, que des cotons de basse qualité et même des déchets. Les économies que cette importante exploitation est susceptible de réaliser sur ses frais généraux et sa main-d'œuvre lui permettent sans doute de consacrer aux achats de ses matières premières des prix plus élevés, et, malgré cette différence, de défier ainsi la concurrence des autres usines. La solution du problème, que cette société paraît avoir entrepris de résoudre, est une affaire de temps, et l'expérience prouvera dans quelque temps si les voies suivies par l'industrie normande sont aussi vraies et aussi sûres que les errements apportés par l'industrie belge dans notre pays.

L'exposition de M. Sosthiné-Rousselin est composée de cotons de première qualité, dans les numéros ordinaires de la consommation rouennaise. Le mérite des produits de cette filature sont justement appréciés par les consommateurs de la place, où ils s'écoulent.

M. A. Desgenétais, qui possède les établissements de tissage les plus considérables de la Normandie, a exposé des tissus de coton de tous genres. On remarque avec raison la perfection de ses cretonnes et toiles militaires. Le fini de ses velours, de ses brillantés et de tous les autres articles; en un mot, tous les genres de tissus et de filés produits par cette maison, sont établis avec un égal succès.

M. Bertel expose une collection parfaite de façonnés.

Ce manufacturier a également obtenu d'excellents résultats à la fabrication des tissus à plusieurs couleurs; c'est une maison qui ne cherche qu'à marcher dans le progrès, et chaque nouvelle exposition indique pour elle de nouveaux succès.

M. Fauquet-Lemaître a exposé des produits d'une bonne fabrication courante; il en est de même de M. Albert Manchon pour ses façonnés, qui sont également d'une bonne fabrication.

MM. Davillier et Champy, de Gisors, exposent de beaux tissus aussi bien réussis dans le genre alsacien que dans le genre rouennais; c'est une maison qui montre toujours une bonne réputation de vieille date. En dehors de ces expositions particulières, la Chambre de Commerce de Rouen a organisé, dans une vitrine, une exposition collective des spécimens de l'industrie cotonnière de notre place. Nous devons lui en savoir le plus grand gré, mais nous exprimerons encore le regret de n'avoir jamais rencontré un seul visiteur arrêté pour examiner la valeur de ces produits et pour se rendre compte des difficultés vaincues pour arriver à réaliser cette fabrication dans des conditions de bas prix et de bon marché inexplicables.

Il est vrai qu'à côté de cette sérieuse exposition il y a une exhibition de mannequins affublés de différents costumes de fantaisie, prétendus nationaux, qui empêchent la plupart des visiteurs de porter leur attention sur l'ensemble de nos produits.

Avant de nous éloigner des expositions normandes, mentionnons encore les beaux coutils d'Evreux, tressés par MM. Boizard fils ; nous ne pouvons oublier non plus les cotons filés pour bonneterie, de MM. Legué, Lebaillif, de Falaise, qui jouissent, avec raison, d'une grande renommée parmi les consommateurs de la Basse-Normandie, où la coiffure du roi d'Yvetot est restée celle de prédilection des deux sexes.

En résumé, les produits exposés par la filature et le tissage mécanique de coton de la Normandie prouvent encore une fois de plus l'énergie, la persévérance, l'intelligence et l'habileté de nos manufacturiers. Sur aucun point, dans une autre branche du travail industriel, les difficultés vaincues depuis dix ans ne sont plus évidentes, plus considérables et plus certaines.

Les produits exposés démontrent qu'avec une matière première d'une qualité si infime, qu'elle était presque complétement repoussée par l'industrie française, la filature et le tissage sont arrivés à produire des filés remarquables et des tissus qui ont l'apparence, sinon la solidité, de ceux faits avec les beaux cotons de la Louisiane. Il a fallu des prodiges de travail et d'adresse pour transformer ainsi les procédés industriels et provoquer des résultats qui étonnent ceux mêmes qui suivent jour par jour les améliorations et les procédés de nos manufacturiers.

Ainsi, avec une matière première presque double en prix de celle employée en 1860, car le coton brut d'Amérique valait alors en moyenne environ 1 fr. 40 à 1 fr. 50 c. le kilog., droits déduits, et le coton des Indes 1 fr. à 1 fr. 10 c. le kilog., la filature et le tissage, en payant les cotons 2 fr. 75 à 2 fr. 80 c. l'un, et 2 fr. 10 à 2 fr. 20 c. l'autre, on est parvenu à établir des tissus compte 30, type Rouen, pour impression à 0,37 ou 0,38 c. le mètre, pesant le même poids, et avec le même nombre de fils au centimètre carré et dans les mêmes numéros que ceux faits en 1855 ou 1856 avec les cotons nouveaux. La solidité seule et la durée du tissage y ont perdu quelques avantages, mais la beauté et le brillant du produit fabriqué, indiennes ou rouenneries, se sont retrouvés sous la main habile et les procédés perfectionnés des imprimeurs d'étoffes ou de nos fabricants.

Dans aucune industrie, on peut l'affirmer, les progrès n'ont été plus prodigieux, et des tours de force de bas prix de fabrication n'ont été plus évidents.

Le groupe de Rouen, sous ce rapport, ne laisse rien à désirer; toutes les branches réunies de son industrie cotonnière constatent plus d'immenses progrès qu'aucune autre contrée, nous ne craignons pas de le dire, n'a réalisée au même degré : filature, tissage, impressions sur étoffes, rouenneries, c'est-à-dire tissus fabriqués avec des filés teints ou blanchis avant la fabrication; toutes ces branches diverses se sont montrées supérieures en qualité et en difficultés vaincues à toutes les industries similaires des contrées rivales.

Cependant, la grande industrie dont Rouen est le centre et qui représente plus de 400 millions de fabrication par année, n'a pas trouvé grâce devant la Commission impériale. Notre pays est entaché d'un vice originel. Nos industriels, en présence des faits constatés ci-dessus, à la suite des traités de commerce, sont restés profondément convaincus qu'ils n'avaient produit pour eux que des difficultés stériles et des résultats désastreux pour l'avenir de leur industrie, sans aucun profit pour les consommateurs.

Cette persévérance dans cette opinion, si contraire à celle des membres du jury de la Commission impériale, les a fait frapper d'ostracisme, et la médaille d'honneur, qui lui appartenait si légitimement, a été refusée à l'industrie textile de la Seine-Inférieure.

Le jugement public et spécialement celui des hommes spéciaux et compétents pouvait juger d'avance l'accueil qui serait fait aux produits normands, quand malgré les réclamations vives du Comité départemental et les respectueuses remontrances qu'il avait cru devoir adresser avant le classement des produits, aux membres de la Commisssion, pour demander plus d'espace pour l'industrie rouennaise.

Cette industrie, qui occupe plus de cent mille ouvriers dans notre contrée, et fait vivre plus de trois cent mille personnes, avait obtenu, pour exposer les types d'une fabrication des plus variées, qui représente plus de 200 millions par an, à peine quelques mètres carrés. Des industries, si l'on peut appeler ainsi des petits bazars parisiens pour des objets de fantaisie sans valeur sérieuse commerciale, avaient obtenu plus du double de l'espace réclamé à si juste titre pour nos fabricants, qui ne travaillent que pour l'habillement des classes pauvres et moyennes les plus nombreuses.

Nous ne nous arrêterons pas à la classification des récompenses accordées par la Commission impériale. Pour y avoir droit, il fallait presque, sans exception, être souscripteur du capital de garantie. Or, ces souscriptions étaient peu nombreuses à Rouen. Puis les membres du jury de la Commission impériale avaient une telle part à se réserver, qu'ils fussent industriels ou non, qu'ils se sont faits d'abord le lot le plus gros et le plus brillant. *Nominor quia neo.*

Que nos industriels se consolent des distinctions dont ils ont été l'objet de la part de la Commission impériale.

Le défaut de spécialité des juges et l'examen trop rapide et par suite superficiel des produits qui en a été la conséquence, ne devait pas et ne pouvait pas produire d'autres résultats.

Les industriels étaient jugés avant même que leurs produits ne fussent déballés en dehors de leur présence et sans que, pour la plupart, ils fussent appelés pour faire apprécier les mérites relatifs de leur fabrication.

C'est ainsi que des erreurs fâcheuses ont été commises et que, malgré des réclamations pressantes pour faire rectifier tardivement de monstrueuses injustices, sans doute involontaires, la plupart restent encore à réparer. Un décret de l'Empereur vient cependant de rétablir des distinctions qui n'avaient pas été accordées à des industriels hors ligne. Mais l'opinion publique a déjà redressé, dans beaucoup de cas, le jugement de la Commission impériale ; il appartenait à elle seule de rendre à chacun la place qui lui est due dans l'échelle industrielle.

Nous terminerons par un mot. Nous avons tracé le triste tableau de la situation de l'industrie cotonnière dans notre région. Le marasme et l'atonie dans lesquels nous vivons, le ralentissement du travail dans nos usines, inspirent tout naturellement un vif désir de voir le gouvernement étudier la situation et faire une enquête sérieuse et vraiment efficace sur les résultats des traités de commerce et spécialement celui fait avec l'Angleterre.

POUYER-QUERTIER FILS.

TABLE

Pages.

Rouen.— Imp. Ch.-F. Lapierre et Ce, rue St-Etienne-des-Tonneliers, 1.

www.ingramcontent.com/pod-product-compliance
Ingram Content Group UK Ltd.
Pitfield, Milton Keynes, MK11 3LW, UK
UKHW022042190726
13855UKWH00002B/387